図解でわかる

人事部員の基礎知識

役割・機能・仕事──
部門に1冊の実務マニュアル

Human Resources Department

株式会社日本総合研究所
林浩二 井上達夫 國澤勇人
髙橋千亜希 石井隆介 大矢知亮

日本能率協会マネジメントセンター

はじめに

「人的資本経営」「ジョブ型」「リスキリング」「デジタル人材育成」「ダイバーシティ＆インクルージョン」……。今や人事管理をめぐる話題が新聞紙上で取り上げられない日は皆無といって過言ではない。同時に、「残業時間削減」「ハラスメント防止」「メンタルヘルス」など、労務管理に関する古くて新しいトピックにも改めて注目が集まっている。人事部には、当面の問題に適正に対処することはもちろん、中長期的な課題にも的確に対応していくことが求められている。

こうした状況にあって、企業組織の中で人事部が果たすべき役割はかつてないほど重要になり、経営者や従業員の人事部に対する期待もますます高まっている。ある日突然、経営者から人的資本経営の推進やジョブ型人事制度の導入を検討するよう指示された経験を持つ人事部員は決して少なくないのではなかろうか。また、従業員のエンゲージメント向上を実現するため、就労環境の整備などワーク・ライフ・バランス改善に慌ただしく取り組んでいる人事部員も多数存在するに違いない。

その一方、必ずしも人事部門の人員が増強されるわけでもなく、日々の業務に追い立てられる人事部員が増えている。このような現状を打破するためには、人事部員の量的拡大を図ることはもとより、一人ひとりの人事部員が知識とスキルを高め、仕事の質的向上を実現していくことが欠かせない。

これまで人事部員は「管理部門のスタッフ」として位置付けられ、必ずしも高度な専門性までは求められない職種とみなされてきた。従業員の顔や名前をある程度見知っていて、一定のコミュニケーション能力があれば務まる仕事と考えられていたのである。

今、このような考え方は根本的な転換を迫られている。単なる管理スタッフから脱皮し、人と組織に関する深い理解や戦略的思考、法令・制度の熟知、多様性の尊重、十分なコミュニケーション能力等を兼ね備え、高い職業倫理に支えられた「人事プロフェッショナル」への転換が求められているのである。そのためには、人事部員自身が絶えずリカレントとリスキリングを繰り返すことが不可欠になっている。

本書は、上記のように時代の転換期に直面する人事部員が身につけておくべき知識やスキル、コンピテンシーの全体像を多数の図表を交えて解説したものである。はじめて人事部に配属された方はもちろん、一定の経験を積んだ人事部員にとっても参考となるよう、広範かつ最新のテーマを盛り込んだ。

　まず、第1章「人事部の役割と機能」では、人事部の組織構造や人事が担う役割・機能について、人事管理の歴史を振り返りつつ、直近のトレンドを交えて概観する。

　続く第2章「人と組織の基本知識」では、エンゲージメント、心理的安全性、リーダーシップ、組織開発など、すべての人事部員が最低限理解しておくべき基本事項を解説する。人事部員が管理スタッフから人事プロフェッショナルへと変革するためには、戦略的思考が欠かせない。

　この観点から、第3章「人材戦略と人的資本経営」では、人的資本経営のコンセプトを紹介しつつ、経営戦略と人材戦略の連動について概説する。

　第4章「人事部の年間活動スケジュールと実務」では、人事管理の実務面にフォーカスし、採用、育成、人事評価、報酬管理、就業管理、雇用管理、労働安全衛生、労使関係等のトピックを取り上げて詳説する。

　労働法令等が目まぐるしく変化する中、人事部員には法令の改正動向を鋭敏に察知し、リーガル・マインドをもって実務を遂行する能力が求められる。このため、第5章「人事部員に必要な法務知識」では、人事実務において頻出する法令（労働法、会社法）を取り上げ、そのアウトラインを確認する。

　第6章「人事部員としての心構えとスキル開発」では、人事部員に期待されるマインドセットやスキル、コンピテンシー、さらには、人事パーソンのキャリア・パス等を紹介する。

　巻末には、「人事部専門用語集」「人事部お役立ち情報源」の2つの付録を用意した。前者は、人事部員が知っておきたいキーワードを略説するとともに、さらに詳しく知りたい読者のために本文の関連項目を逆引きできるようにしたものである。後者は、人事部員が実務を遂行する上で役立つと思われる統計調査や行政の指針・ガイドライン、ウェブサイト等の情報源を一覧化したものである。本文と合わせて、これらの付録を活用いただければと思う。

それぞれの章・項目や付録は独立して読んだり参照したりできるように
なっている。第1章から第6章まで順を追って読んでいただいても、興
味・関心がある章や知識を再確認したい項目を優先的に読んでいただいて
も、いずれでも構わない。読者の知識・経験や実務上のニーズに即して自
由に本書を活用いただければ幸いである。

　最後に、本書の企画・編集に尽力いただいた根本浩美氏にこの場を借り
て御礼申し上げたい。氏の助言がなければ本書を完成させることは難し
かった。
　本書がすべての人事部員の伴侶として長く活用されることを願ってやま
ない。

　2024年11月

　　　　　　　　　　　　　　　著者を代表して　林 浩二

人事部の社内関連図

各事業部門
- 事業戦略と連動した人材定義
- 要員計画に際したニーズ把握
- HRBP*との協働

*HRBP（Human Resource Business Partner）：各部門において、人事戦略の落とし込みや、人事課題の解決を期待される役割

経営陣
- 人的資本経営に関する立案・補佐
- 人事戦略の立案
- 人事関連諸制度の立案
- 人件費に関する立案・報告
- サクセッションプラン推進

人事部

社員
- 賃金支給
- モチベーション管理
- エンゲージメント管理
- キャリア形成支援
- 能力開発支援
- 就業管理
- 福利厚生
- 社会保険・安全衛生
- 健康経営・健康管理
- その他人事諸手続き

上司
- 人事評価者スキル向上
- 人事評価の依頼
- 人事評価情報の提供・調整
- 人事評価調整会議
- マネジメント力向上支援
- 部下指導に対する支援
- ハラスメント防止

労働組合
- 労使協議・団体交渉
- 労働協約
- 人事テーマに関する意見交換会

人事部の社外関連図

関連諸官庁
- 手続・届出・報告・指導対応
- 情報収集・情報提供

投資家
- 人的資本経営および人事戦略の説明

他団体/他社
- 業界団体加盟
- 情報収集・情報提供

金融機関
- 退職年金の運用委託
- 賃金・賞与支給手続き

人事部

アルムナイ
- カムバック採用
- アルムナイネットワーク形成・運営支援

各種学校
- 採用説明会
- 共同研究・委託研究

学生/中途入社希望者
- 募集・面接・連絡
- 内定者フォロー
- 「オヤカク(親の確認)」対応

外部専門家(士業)
- 法律相談
- 労務相談
- その他人事関連諸法令に関する相談

人材紹介企業
- 採用候補者の紹介依頼
- 情報収集

コンサルタント等
- 制度改善に関する相談
- 教育研修の依頼
- HRテックの導入
- 情報収集

人材派遣企業
- 労働者の派遣依頼・受入れ

人事部員の基礎知識

目 次

はじめに ………………………………………………………………………… 3

人事部の社内・社外関連図 …………………………………………………… 6

第1章 人事部の役割と機能

1 ◆ 人事（HRM）とは ……………………………………………………… 14

2 ◆ 人事部の組織 …………………………………………………………… 16

3 ◆ 人事管理の発展史① 労務管理から人的資源管理へ ……………… 18

4 ◆ 人事管理の発展史② 戦後から人的資本経営まで ………………… 20

5 ◆ 日本企業の人事部の特徴 …………………………………………… 22

6 ◆ 人事の役割と機能 …………………………………………………… 24

7 ◆ 人事機能の変革① HR トランスフォーメーションの強化 ……… 26

8 ◆ 人事機能の変革② CHRO と HRBP の設置 ……………………… 28

人事部コラム① 人事部のパワーの源泉とは ………………………………… 30

第2章 人と組織の基本知識

9 ◆ モチベーション ………………………………………………………… 32

10 ◆ エンゲージメントの向上 …………………………………………… 34

11 ◆ 心理的安全性 ………………………………………………………… 38

8

12	リーダーシップ	40
13	組織構造と組織の組み立て方	42
14	組織風土と組織文化	46
15	組織開発	48
16	ダイバーシティ＆インクルージョン	52

人事部コラム② 組織の「ハード面」だけでなく「ソフト面」にも目を向ける …… 56

第3章 人材戦略と人的資本経営

17	人的資本経営	58
18	人材戦略	62
19	人材ポートフォリオ	64
20	タレントマネジメント	66
21	人的資本の開示	68
22	サステナブル人事	72
23	人事情報システム戦略	74
24	グループ会社における人事機能のあり方	76
25	グループ人材マネジメント戦略	78
26	グローバル人材戦略	80

人事部コラム③ 人事領域こそオープンイノベーションを …… 82

第4章 人事部の年間活動スケジュールと実務

| 27 | 年間活動スケジュールと主要業務 | 84 |
| 28 | 人材確保① 要員計画と要員管理 | 88 |

29 ◆ 人材確保② 採用活動の実務 90

30 ◆ 人材開発① OJT と OFF-JT、自己啓発支援 92

31 ◆ 人材開発② リスキリング 96

32 ◆ 人材開発③ キャリア形成支援 98

33 ◆ 人材開発④ 経営人材の育成（サクセッションプラン） 100

34 ◆ 人材開発⑤ デジタル人材の育成 102

35 ◆ 処遇制度① メンバーシップ型とジョブ型 104

36 ◆ 処遇制度② 職能資格制度 108

37 ◆ 処遇制度③ 職務等級制度 112

38 ◆ 処遇制度④ 役割等級制度 116

39 ◆ 処遇制度⑤ コース別人事管理の設計と運用 120

40 ◆ 処遇制度⑥ 昇格・降格、昇進・降職 122

41 ◆ 人事評価① 人事評価制度の目的と体系 124

42 ◆ 人事評価② 成果評価とプロセス評価 126

43 ◆ 人事評価③ 評価ランクと処遇反映 128

44 ◆ 人事評価④ 人事評価の運用フロー 130

45 ◆ 人事評価⑤ フィードバックと評価者研修の実施 132

46 ◆ 報酬管理① 賃金と総額人件費の体系 134

47 ◆ 報酬管理② 総額人件費の管理 136

48 ◆ 報酬管理③ 基本給と諸手当 138

49 ◆ 報酬管理④ 基本給の設計方法 140

50 ◆ 報酬管理⑤ 賞与の意義とその支給方法 144

51 ◆ 報酬管理⑥ 退職給付制度 146

52 ◆ 労働時間管理① 法定労働時間と時間外労働 150

53 ◆ 労働時間管理② 変形労働時間制 152

54 ◆ 労働時間管理③ 事業場外労働のみなし労働時間制 154

55 ◆ 労働時間管理④ 裁量労働制 156

56 ◆ 労働時間管理⑤ 年次有給休暇 ················· 158

57 ◆ 労働時間管理⑥ 管理監督者と高度プロフェッショナル ········ 162

58 ◆ 安全衛生管理① 安全衛生に関する法律と企業の義務 ······· 164

59 ◆ 安全衛生管理② メンタルヘルスとハラスメント防止 ········ 166

60 ◆ 雇用管理① 定年制と高齢者雇用 ················· 168

61 ◆ 雇用管理② 障害者雇用 ····················· 172

62 ◆ 雇用管理③ アルムナイとカムバック採用 ············ 174

63 ◆ 雇用管理④ 副業・兼業 ····················· 176

64 ◆ 雇用管理⑤ 多様な正社員 ···················· 178

65 ◆ 労働・社会保険① 労働保険（雇用保険・労災保険）······· 180

66 ◆ 労働・社会保険② 社会保険（健康保険・厚生年金保険）···· 182

67 ◆ 福利厚生① 福利厚生の意義と法定福利・法定外福利 ······ 184

68 ◆ 福利厚生② 住宅支援策・カフェテリアプラン ·········· 186

69 ◆ 労働組合と労使関係① 団結権と労働組合法 ·········· 188

70 ◆ 労働組合と労使関係② 労働組合の現状 ············ 190

71 ◆ 労働組合と労使関係③ 団体交渉と不当労働行為 ······· 192

　[人事部コラム④] ビジネスパーソンの「出世」のゴールや要件が変わる？ ····· 194

第5章 人事部員に必要な法務知識

72 ◆ 労働基準法 ···························· 196

73 ◆ 労働契約法① 労働契約の原則・成立および変更 ········ 200

74 ◆ 労働契約法② 有期労働契約 ·················· 202

75 ◆ パートタイム・有期雇用労働法① パート社員と有期社員の
　　法律上の保護 ························· 204

76 ◆ パートタイム・有期雇用労働法② 同一労働同一賃金 ······ 206

11

77 ◆ 男女雇用機会均等法 ··· 208

78 ◆ 育児・介護休業法① 介護関連の諸制度 ··················· 210

79 ◆ 育児・介護休業法② 育児関連の諸制度 ··················· 212

80 ◆ 育児・介護休業法③ 労働時間等に関する規定 ········ 214

81 ◆ 労働者派遣法 ·· 216

82 ◆ 企業組織と会社法 ·· 218

83 ◆ 法令等の基礎知識 ·· 222

人事部コラム⑤ 法務知識を実務で活用するために ··············· 224

第**6**章 人事部員としての心構えとスキル開発

84 ◆ 人事のプロとしての HR コンピテンシー ···················· 226

85 ◆ 人事パーソンに求められるコンプライアンス ·············· 228

86 ◆ 人事パーソンのキャリア ··· 230

87 ◆ 人事に求められるビジネス感覚 ·· 232

88 ◆ ベンチマーク統計の活用 ··· 234

おわりに ··· 236

参考文献 ··· 239

付録1 人事部専門用語集 ·· 240

付録2 人事部お役立ち情報源 ··· 251

索引 ··· 254

本書は 2024(令和6)年10月1日の法令に基づいています。

第 **1** 章

人事部の役割と機能

1
人事（HRM）とは
人事は目的ではなく、あくまで手段である

◆ヒトに関するマネジメント

　「ヒト・モノ・カネ」は企業の三大経営資源といわれ、そのうち、「ヒト」に関するマネジメントは、HRM（Human Resource Management）と呼ばれる特別な領域として取り扱われる。

　HRMは大きく分けると、「人材管理」分野と「労務管理」分野によって構成される。なお、「人材管理」分野を「狭義のHRM」として論じるケースもある（図表1①）。

　「人材管理」分野で取り扱う代表的なテーマは、従業員の採用から退職までの「配置・異動」「賃金」「教育」「人事評価」「昇格・昇進」「キャリア形成」等である。それらのテーマは相互に密接に関連し合うため、全体最適化するように設計・運用する。人材管理分野は、従業員の確保や成長に能動的に関わる分野であり、「攻めのHRM」ということができる。

　労務管理分野で取り扱う代表的なテーマは、労働時間等の「就業管理」や、「社会保険」「安全衛生」「福利厚生」等である。従業員の安心安全や諸法令対応に関わる分野であり、「守りのHRM」ということができる。

　近年のHRMでは対象範囲を特定して重点的に取り組む人材区分がある。特に注目されている人材として、「グループ人材」「グローバル人材」「高度専門人材」「次世代経営人材」がある（図表1②）。

◆HRMの目的

　図表1①にあるように、HRMを適切に実施することによって有能人材を確保し、エンゲージメントやモチベーションを向上させることが望まれる。

　さらに、それによって人事戦略を実現し、最終的には経営戦略の実現に貢献することが期待されている。したがって、HRMは目的ではなく、あくまでも手段である。HRMのあるべき姿を検討する際には、個別テーマごとのあるべき姿を論じてもうまく機能しないことが多い。経営戦略や人事戦略を念頭に、その実現のためにHRMや各テーマで何をすべきか、さらには何ができるのかという視点を持つことが重要である。

図表1　人事（HRM）とは

①HRMの全体像と代表的なテーマ

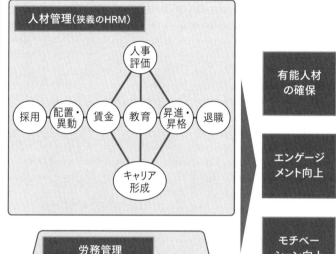

②近年のHRMで注目される人材区分

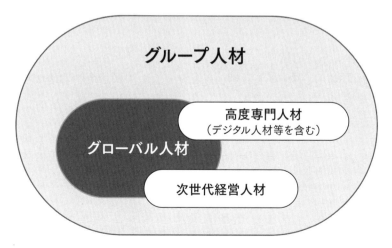

2

人事部の組織

人事組織は経営環境に則して臨機応変に組み替えが求められる

◆企業規模と人事組織

　人事は「ヒト」という経営資源に関わる機能であり、規模が比較的小さい企業では、モノ・カネ・情報など他の経営資源を統括管理する機能とともに「管理部」などとして括られる場合が多い。

　規模が拡大し業務が複雑化してくると、管理対象となる経営資源の種類ごとに組織が細分化する。通常、カネ（経理・財務）を統括する業務が分離し、ヒトとモノを管理する「総務人事部」となる。さらに規模が拡大し、おおむね500人程度を超えるようになると、総務と人事が枝分かれして「人事部」が独立することが多い。

　数千人規模の大企業になると、教育研修をグループ横断的に企画・推進することを目的として、「人材開発部」を分離独立させることもある。このほか、労働組合の有無やグローバル化の進展状況に応じて、「労務部」「国際人事部」などが人事部から独立している場合もある。

　近年、D&I（ダイバーシティ&インクルージョン）推進に関する独立した部署を設置する動きが広まっている。D&Iは広義の人事に包含される要素が多いものの、経営直下で機動的かつ全社横断的にD&Iを推進するため、敢えて人事部から独立させているのである（図表2①）。

◆人事部内の下部組織

　採用、育成、配置、就業管理、福利厚生など多様な人事業務に対応するため、通常は人事部内に複数のグループ（課）が下部組織として設置される（図表2②）。

　一方で、近年、人事をめぐる課題が複雑化・多様化し、縦割り型の組織構造では解決できない問題も増えている。よりスピーディな課題対応を実現するため、人事部内のグループ（課）を大括り化し、分野横断的な意思決定を行いやすくする企業も増えている。

　人事組織は不変ではない。経営環境に即して臨機応変に組織を組み替えることが求められる時代になっているといえるだろう。

図表2　人事部の組織

①企業規模と人事組織

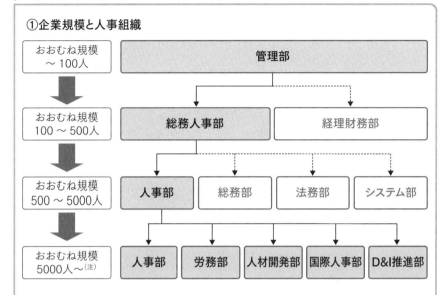

注：事業部制を採用する企業では、本社人事のほかに事業部内に人事所管組織が設置されることがある

②人事部の下部組織と業務分掌（例）

グループ（課）	主な業務分掌
人事企画グループ	人事戦略の立案、年間計画・予算の策定、人事制度の改善・効率化
採用グループ	人材の採用計画の策定、計画に即した採用活動の推進
人材開発グループ	人材育成体系の整備、全社教育研修計画の策定およびその実行
人事グループ	従業員の異動・配置の企画、統括管理、昇進昇格の運用管理
給与グループ	人件費管理、給与制度の改善・効率化、給与・税・社会保険の計算
勤労厚生グループ	就業管理、表彰・懲戒、健康管理、安全衛生管理、福利厚生
労務グループ	労働組合との連絡・調整、労使交渉に関する事項

多様化・複雑化する人事課題に機動的に対応するため、複数のグループ（課）を統合する企業も増えている

3 人事管理の発展史①

労務管理から人的資源管理へ
「人材こそが競争優位の源泉」がグローバルレベルで定着

◆労務管理（Personnel Management）の時代

　近代的労務管理は19世紀末から20世紀初頭のアメリカで確立した。

　当時、重工業化の急進展に伴い、生産性向上策の確立が急務になっていた。その嚆矢となったのがF・テーラーによる科学的管理手法である。これは、作業手順や作業時間を標準化し、そのために必要な従業員教育やインセンティブの仕組みを構築することで、労働生産性向上を実現しようとするものである。この動きに触発されて、職場の人間関係が生産性に与える影響についての研究等も進んでいく（E・メイヨーなど）。

　この時代は、まさに労務管理（Personnel Management）の時代であった。「生産性向上を実現する手段としての人材」という考え方が根底にあり、労務管理の課題も、いかにして社員の勤労意欲を刺激して怠業を防止し、良好な労使関係を維持するかに焦点が当てられていた（図表3①）。

◆労務管理から人的資源管理（Human Resource Management）へ

　20世紀後半になり、脱工業化の時代を迎えると、上記のような人材像に基づく経営管理は根本的な転換を迫られるようになる。標準化された商品を大量生産することで競争に打ち勝つ時代は過ぎ去り、他社との差別化を実現するイノベーションこそが競争優位の源泉とみなされるようになったのである。

　差別化やイノベーションを実現するのはカネやモノではなく、ヒトである。この時期、「競争優位の源泉として、無限の可能性を秘めたかけがいのない人材」という考え方に基づく新しい人事管理－人的資源管理（Human Resource Management）という概念が誕生する。

　さらに進めて、2000年代以降は人的資本管理（Human Capital Management）という言葉も提唱されるようになった。その意味合いは人的資源管理（HRM）とほぼ同じであるが、いずれにせよ、いまや「人材こそが競争優位の源泉」という考え方がグローバルレベルで定着してきている（図表3②）。

図表3 労務管理から人的資源管理へ

①労務管理(Personnel Management)の時代

時代背景 工業化の時代(19世紀末～20世紀後半)

「人材」の意味合い
生産性向上を実現する手段としての人材

学術的背景
- F・テーラーの科学的管理法（作業標準化、生産管理の改善等）
- E・メイヨーのホーソン実験（職場環境、人間関係の重要性の発見）

労務管理(Personnel Management)の主要課題
- ✓ 勤労意欲の向上と怠業防止
- ✓ 職場秩序の維持
- ✓ 労働争議の防止と労使関係の維持
- ✓ 従業員の定着促進　など

②人的資源管理(Human Resource Management)の時代

時代背景 脱工業化とイノベーションの時代(20世紀末～)

「人材」の意味合い
競争優位を生み出す源泉としての人材

学術的背景
- 経営戦略論の発展
- 戦略人事の「発見」

人的資源管理(Human Resource Management)の主要課題
- ✓ "タレント"の発掘・獲得と定着促進
- ✓ 人材開発とキャリア形成支援
- ✓ 従業員エンゲージメントの向上
- ✓ 戦略に方向付ける評価・報酬制度　など

近年の傾向
さらに、2000年代前半以降、人的**資本**管理(Human **Capital** Management)という語も併用されるようになっている。

4　人事管理の発展史②

戦後から人的資本経営まで
バブル崩壊以降の人件費コスト抑制からの反転に期待の人的資本経営

◆日本企業の人事管理

「年功の打破」が叫ばれるようになって久しい。しかし、そもそもいつから日本企業は年功序列型の人事管理だったのだろうか。

近代産業が勃興した明治期には、年功制はもとより長期雇用慣行そのものがまだ成立していなかった。年功賃金など現代へと続く人事管理の基礎は戦前期に徐々に形づくられたとみられるが、最終的に年功制が広く確立されたのは戦後の高度経済成長期である。

以下、戦後の人事管理史を振り返ってみよう（図表4）。

◆戦後復興から高度経済成長へ

戦後復興期には、国民が生活できる賃金水準の確保に向けて、極めて生活給的な色彩が濃い電産型賃金と呼ばれる賃金体系が形成された。

復興期から高度経済成長期に移ると、年齢・勤続を基軸とした年功型の人事管理が幅広い産業に浸透していく。ピラミッド型の人口構成と高い経済成長のもとでは、年功制は社員のみならず企業にとっても一定の経済合理性があったためである。

この時期に我が国において年功制が確立したと考えられる。

◆安定成長期と職能資格制度

1973年のオイルショックを経て、高度経済成長は終焉し、安定成長期に移る。成長鈍化に伴うポスト不足が叫ばれる中で、急速に台頭したのが職能資格制度である。職能資格制度とは、社員の職務遂行能力に基づき基本的な待遇を決定する人事システムである。理念的には脱年功・能力主義の仕組みであるが、能力は目に見えず測定が難しいため、年齢・勤続を能力伸長の代理指標とみなした年功的運用を誘発しがちであった。

しかし、年5％程度の安定成長を続け、人口の高齢化もそれほど進んでいない状況下では、それが直ちに問題化する状況になかった。この結果、高度成長期に確立した年功制がほとんど手付かずのまま温存された。

◆バブル崩壊から現代まで

1990年にバブル経済が崩壊し、低成長時代に入る。労働力人口の急激な高齢化の影響もあり、年功制を維持し続けることはもはや困難な時代になった。この時期、人件費の変動費化を意図して成果主義型の賃金管理を導入したり、職能資格制度の手直しを進めたりする企業が目立つようになる。

2000年代に入ると、年功を誘発しがちな職能資格制度から職務や役割を重視した人事処遇制度へと転換する企業が増加する。さらに、定昇・ベアを凍結する企業が相次ぐなど、賃金コスト抑制への動きが頂点に達する。

2010年代後半になると、経済は次第に回復基調に移る。こうした状況の中、生産性向上と労働時間短縮を両輪とする働き方改革が加速するなど、成長志向の人事管理を模索する動きがみられるようになる。

バブル崩壊以降、長きにわたり人件費コスト抑制に汲々とする経営が続いてきた。近年注目されるようになった「人的資本経営」はこの流れを反転させようとするものである。景気の波に左右されることなく、人的資本経営のコンセプトが真に日本企業に定着するかが問われている。

図表4　戦後から現代までの人事管理小史

	1945-1970年	1970-1990年	1990-2000年	2000-2010年	2010-2020年	2020年-
時代背景	戦後復興から高度経済成長へ 団塊世代誕生 所得倍増計画 列島開発	石油危機 ニクソン・ショックと変動相場制 環境問題 プラザ合意と超低金利、バブル発生	バブル崩壊 不良債権処理 アジア通貨危機 リストラ・希望退職募集	構造改革、規制改革 ニート、フリーター問題 リーマンショック 団塊世代退職	震災と復興 「アベノミクス」と景気回復 人手不足	コロナ禍 エネルギー高騰と物価上昇 株価回復
失業率	1〜2%	2〜3%	3〜4%	4〜5%	5%→2%台	2〜3%
人事管理のキーワード	電産型賃金 年功資格制度 職階別賃金	職能資格制度 男女雇用機会均等法 コース別人事管理 時短(労働時間短縮)	職能資格制度の見直し 自主的キャリア形成 コンピテンシー	成果主義 ベアゼロ・定昇凍結 非正規社員増大 定年後再雇用	多様な正社員 働き方改革 同一労働同一賃金	ジョブ型 人的資本経営 賃上げ復活

21

5

日本企業の人事部の特徴
人事部が有するパワーとは裏腹の「弱い人事部員」

◆欧米との比較から

　一般に欧米企業では、人材の採用や配置、報酬決定に関する権限が広範に現場に委譲されている。ジョブ型雇用の欧米諸国では、職務内容を熟知した現場レベルで機動的に人材の確保・育成・動機付けを行う必要があるためである。本社人事の役割は、専門的知見を有する参謀として現場のライン管理職を支援することが中心になる。

　これに対し、メンバーシップ型雇用の日本企業では職務を定めることなく一括採用し、不公平感が生じないよう適材適所の人材活用を行う。その前提として、本社人事が一元的に人材情報を管理する必要がある。欧米企業にみられない「人材ポートフォリオ管理」という概念に近時注目が集まっているのもこのためである。いずれにせよ、日本企業の人事部は欧米企業よりも相対的に強いパワーを有しているといえよう（図表5①）。

◆日本企業は「弱い人事部員」

　人事部のパワーとは裏腹に、メンバーシップ型の日本では「人事プロフェッショナル」という概念が十分に確立していない。いわば、「弱い人事部員」である。キャリア採用の場合を除き、人事部員は必ずしも人事部員になるために採用されたわけではなく、いわゆる「配属ガチャ」を経て人事部に配置される。配属後、長期間人事部に留まる人も一定数いるものの、他部署とのローテーションを繰り返しながらゼネラリストとしてのキャリアを歩む人が少なくない。

　これに対し、ジョブ型の欧米企業では人事部員は最初から人事を担当するために採用され、人事職能の範囲内でキャリアを積む。この専門性があって初めて、先に述べた「ライン管理職の参謀」としての役割を果たすことができるのである。いわば、「強い人事部員」といえるだろう（図表5②）。

　人事課題がますます複雑化・多様化している。

　日本企業でも、高い専門性を有する「人事プロフェッショナル」の確立が急務になっている。

図表5　日本企業の人事部の特徴

①日本の人事部・欧米の人事部

	日本企業	欧米企業
雇用形態	メンバーシップ型雇用	ジョブ型雇用
人材管理の特徴	内部公正を意識した人事部による一元管理	外部公正を意識した現場主導による分散管理
人事部の特徴	強い人事部	弱い人事部

②日本の人事部員・欧米の人事部員

人事部員の…	日本企業	欧米企業
採用	総合職として職種不問で採用。会社が適性を判断して人事部に配属	職務を明確化して募集。本人の経験や専門性がスペックに合致すれば採用
育成	先輩からのOJTや暗黙知の伝承を重視。企業特殊性の高い能力開発	外部の職能団体加盟等を通じた本人主導による汎用性の高い能力開発
人材活用	他部署ローテーションを組み合わせた人材活用。人事未経験者が人事部長に登用されることも	人事部内に限った人材活用。人事部長は必ず人事のプロが就任

日本企業の人事部員の課題！

従来型の「管理部門のスタッフ」では多様化・複雑化する人事課題を解決できない。我が国においても人事部員一人ひとりが専門性を高め、"管理部門のスタッフ"から「人事プロフェッショナル」へと脱皮することが急務

第1章　人事部の役割と機能

6
人事の役割と機能
「三脚モデル」にみる3つの役割・機能

◆**人事の役割と機能とは**

　人事部などの間接部門は「社員を顧客とみなして対応せよ」といわれることがある。「現場向けのサービスを提供することが人事の役割」という考え方である。この考え方自体は正鵠を射ているが、それが強調され過ぎると、「日々のルーチン業務をこなし、現場からの問い合わせに対応していれば十分」という誤認を生み出しかねない。しかし、実際には人事の役割はそれだけではないはずだ。ミシガン大学のD・ウルリッチは、「三脚モデル（Three-legged model）」、別名「ウルリッチ・モデル」と呼ばれるフレームワークで人事の3つの機能・役割を整理している（図表6）。

◆**3つの役割・機能**

　まず、「Shared Services（定型業務の効率的遂行）」である。これは、人事業務の標準化を推進し、コストセンターとして、教育研修や給与計算、福利厚生等の現場向けサービスを低廉なコストで提供する役割・機能である。先に述べた「ルーチン業務をこなす」という仕事がこれに対応する。

　もう1つが、「Centers of Expertise（専門的知見の提供）」である。人事部員は、採用・人材開発・報酬など担当領域の「プロ」として、専門性を磨き、現場での課題を解決しなければならない。先に述べた「現場からの問い合わせに対応する」という仕事は、主としてこの役割・機能に対応する。

　最後に、「Business Partners（戦略のパートナー）」である。現状、多くの企業の人事部にこれが欠落している。「戦略のパートナー」としての役割・機能を果たすには、経営に対して能動的に助言・提言できなければならない。しかし実際には、法令の改正や経営からの指示を待って、受動的に動き出す人事部が多い。我が国の人事部が最も強化しなければならないのは、戦略のパートナーとしての役割・機能なのだ。

　人事が上記3つの役割・機能を偏りなく遂行するためには、体制づくり（人事部組織の見直し）に取り組むことはもちろん、人づくり（人事部員の育成）にも注力していかなければならない。

図表6　人事の役割・機能に関する三脚モデル

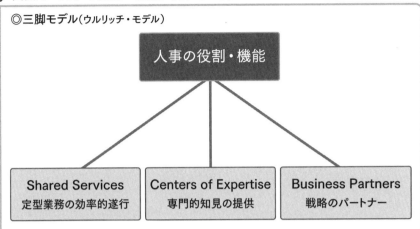

◎三脚モデル（ウルリッチ・モデル）

役割・機能	その内容
Shared Services 定型業務の効率的遂行	採用活動の実行、教育研修プログラムの提供、給与計算、勤怠管理、福利厚生など、定型化された従業員向けサービスを低コストで提供する
Centers of Expertise 専門的知見の提供	採用・人材開発・報酬・評価・人事情報システム、グローバル人事管理等について、専門的知見に基づくサービスを提供し、現場を支援する
Business Partners 戦略のパートナー	第一線のライン管理職と協働し、事業戦略に即した人材戦略の策定と実行を支援する

大企業・中小企業を問わず、日本企業の人事部は、日々の人事オペレーションを回していくことに忙殺され、とりわけ「Business Partners（戦略のパートナー）」としての役割・機能が不十分。
その強化が急務になっている。

7　人事機能の変革①

HRトランスフォーメーションの強化
コーポレートセンター機能を強化した戦略人事への変革が望まれる

◆**人事部の業務**

　人事部の業務はHR（Human Resource）にかかわる活動全般であり、①人材戦略、②要員計画、③採用、④育成、⑤配置、⑥評価、⑦処遇という7つの活動に大別できる。これらは、企業価値の向上を支える「コーポレートセンター機能」に位置付けられ、相互に関係するものも多いことから、一貫性をもった対応が求められる（図表7①）。

　一方で、人事部の業務には「サービスセンター機能」も存在し、給与計算や福利厚生対応などのオペレーション業務がこれにあたる（図表7②）。

◆**HRトランスフォーメーション（人事機能変革）とは**

　これまで日本企業の人事部は「オペレーションのプロフェショナル」という色が濃く、戦略や計画はどちらかといえば過去の延長線上で実施されがちだった。

　しかし昨今、労働力の減少や人材の多様化、DX（デジタルトランスフォーメーション）などが進んだことで、人事部はより戦略的かつ直接的に、会社の成長に貢献することが期待されるようになった。これに伴い、コーポレートセンター機能を強化した戦略人事（戦略企画型の人事部）への変革が企図されており、これを「HRトランスフォーメーション」と呼ぶ。

◆**HRトランスフォーメーションによる人事部の変化**

　人事部を取り巻く環境に目を向けると、働き方改革など労働法制の目まぐるしい変化や、ハラスメントへの意識の高まり等があり、人事部がイニシアティブをとって対応しなければならない領域は拡大している。

　一方、事業戦略に連動した人材戦略の立案・実行を進める際には、事業や部門ごとの多様性を踏まえて意思決定すべき領域も増えている。

　こうした状況を踏まえ、これからの人事部には、「求心力（全社戦略）の徹底」と「遠心力（事業戦略）の尊重」双方のバランスを上手にとることが求められてきている。

図表7　HRトランスフォーメーションの強化

①人事部の活動の全体像

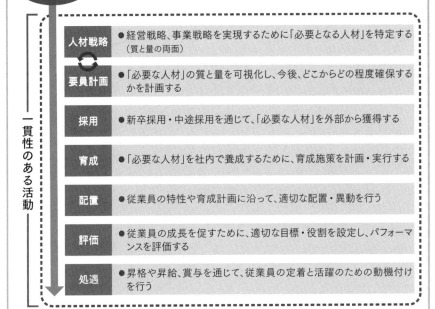

企業価値の向上を支える「コーポレートセンター機能」

②コーポレートセンター機能とサービスセンター機能

コーポレートセンター業務			サービスセンター業務
戦略推進	コントロール	企業責任	
●人材戦略 ●人的資源配分 ●人材採用 ●人事制度の構築・運用 ●人材育成・開発	●要員計画・管理 ●配置	●労働条件管理 ●安全管理	●人的情報収集・管理 ●給与・賞与・退職金処理 ●税金・社会保険処理 ●福利厚生

> **8** 人事機能の変革②

CHROとHRBPの設置
事業戦略に連動した人材戦略を実現するために今後重要となる体制

◆CHRO、HRBPが設置される背景

多くの日本企業ではこれまで、人事施策を講じるのは人事部の仕事であり、事業戦略の担い手である事業部門との間には、一定の距離（見えない壁）があった（図表8①）。しかし、事業戦略に連動した人材戦略を実現する上では、人事部は事業について一層理解を深める必要があり、また、事業部門には、自らが主体となって、自部門のビジネスにより適した人事施策を講じる力が求められる。

しかしながら、従業員個人の努力でこれらを成し遂げることには限界があり、近年、CHRO（最高人事責任者）やHRBP（HRビジネスパートナー）といった新しいポジションを配置する企業が増えつつある（図表8②）。

◆CHROの役割

経営層が決定した戦略に即して人事関連業務を統括するのが人事部長であるのに対し、CHROは経営視点と人事プロフェッショナルの視点の双方から人材戦略の策定を行う。

CHROを設置する最大のねらいは、役員レベルの会議（取締役会や経営会議など）で人材戦略を議論することにあり、各事業部門が必要とする人事施策を、スピード感をもって推進することが期待される。

また、部門間のコンフリクトを第三者的立場で調整することもCHROの重要な役割であるため、特定の事業部門は兼務しないことが望ましい。

◆HRBPの役割

ミシガン大学のD・ウルリッチによれば、HRBPは「部門が抱える人や組織の課題に対して、人事の視点から問題解決を図る機能」とされ、CHROが策定した人事戦略を理解し、現場に落とし込んでいく役割が期待される。

したがって、基本的にはオペレーション業務を担うことは少なく、事業部門の一員として、戦略に則った人材採用や育成、それに必要なタレントマネジメントの実行が主たる業務となる。

図表8　CHROとHRBPの設置

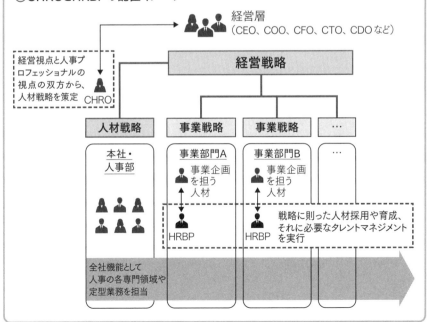

人事部コラム①

人事部のパワーの源泉とは

◆究極の人事とは配置権

第1章で「日本企業の人事部は欧米企業よりも相対的に強いパワーを有している」と述べた（22ページ）。企業の人事部長に対してこのような話をすると、「いやぁ、うちの人事部にはパワーなどないですよ。現場が強くて……」という自嘲気味の反論が返ってくることがある。

確かに、日本企業の中でも、人事部が強い会社もあれば、それほどでもない会社もある。一体何が人事部のパワーを決めるのだろうか。

人事部は、採用、育成、配置、評価、処遇などの一連の業務を所管している。その中でも人事の根幹を占めるのが配置権、すなわち、任用や異動を決める権限である。従業員の職業人生に決定的な影響を及ぼす配置権を握っていることこそが、人事部のパワーの源泉といえる。

◆人事部のパワーを確認するためのたった1つの質問

したがって、配置や異動の実態を確認すれば、その会社の人事部のパワーを計り知ることができる。そのためには、「貴社ではどのように人事異動を決めていますか？」というシンプルな質問を投げかけてみるとよい。

部署のニーズを確認しつつも人事部主導で異動計画を作成している場合には、間違いなくその会社の人事部は強いパワーをもっている。おそらく他部署からは「人事部＝敷居が高い部署」とみなされていることだろう。

一方、企業によっては、「部署長同士で話し合って部下の異動案を決め、人事部はそれを追認している」というような答えが返ってくることがある。こうしたケースでは相対的にパワーが弱く、他部署の統制に苦慮する人事部の姿が浮かび上がる。

将来的にジョブ型が普及していくと、欧米企業のように配置権が現場レベルに委譲されていくことが見込まれる。たとえ人事部のパワーがこれまでよりも弱くなったとしても、「人事部員」までそうならないよう、日頃からの能力開発が欠かせない。

第 **2** 章

人と組織の基本知識

9

モチベーション
やる気を高める4つの要素「欲求」「感情」「認知」「環境」

◆**モチベーションとは**

　モチベーションとは「動機付け」のことであり、社員のやる気を高めて組織の生産性を向上させるために重要な要素である。モチベーションに影響を与える要素は生理的欲求や自己実現欲求などの「欲求」、喜怒哀楽といった「感情」、価値観や意識、信念などの「認知」、同僚や上司との関係性や人事制度、ワークスペースなどの「環境」の4つがあるとされている。

◆**内発的動機付け理論**

　人は報酬を得るため、もしくは、怒られないようにするため行動するという考え方は長い間モチベーションに関する主流の考え方であった。そのような外部からの働きかけによる動機付けを「外発的動機付け」と呼ぶ。

　しかし、そうした外的報酬がなくとも進んで行動する人がいることに説明がつかないことから、「活動自体から生じる満足を求めるために行動する」という考え方が「内発的動機付け」として整理されるようになった。自ら進んで取り組む自律性や、手段としてではなく行為自体を目的として取り組む自己目的性が内発的動機付けの特徴であり、内発的動機付けによって働く社員は高いパフォーマンスを生み出すことが期待できるとされる。

◆**ハーズバーグの二要因理論**

　ハーズバーグの二要因理論は、人間の欲求を「衛生要因」と「動機付け要因」の2つに分けた考え方だ。衛生要因には賃金や労働環境、職場の人間関係などがあり、これらが満たされないと不満足につながるとされる。

　一方、衛生要因がどれだけ満たされても満足度の向上にはあまり寄与しない。動機付け要因は達成感や周囲からの承認、成長機会などが該当し、これらが満たされなくともただちに不満足にはならないが、満たされるとモチベーションの向上が期待できるものである。社員のモチベーション向上を狙って給与・賞与を増やすという考え方はよく見られるが、それらはあくまで衛生要因であることに留意が必要だ（図表9）。

∴ 図表9　ハーズバーグの二要因理論

衛生要因（hygiene factors）

仕事に対する不満を左右

- 賃金
- 労働環境
- 上司による管理・監督の状況
- 職場の人間関係
- 雇用の安定感
- 会社の経営方針

動機付け要因（motivators）

仕事に対する満足を左右

- 達成感
- 職務上の責任・権限
- 上司が自分を認めてくれること
- 成長の機会
- 昇進の機会

モチベーションを高めるためには、
衛生要因だけでなく動機付け要因を満たすことが重要

10

エンゲージメントの向上
仕事と組織に対するポジティブな心理状態の醸成

◆ワークエンゲージメントと従業員エンゲージメント

　エンゲージメントとは「婚約」「誓約」「約束」「契約」といった意味を持つ言葉である。特に人事・組織の領域では、ワークエンゲージメントと従業員エンゲージメントという2つの概念でこの言葉が用いられる。

　ワークエンゲージメントは「熱意」「没頭」「活力」の3つが揃った状態とされる。従業員エンゲージメントに関する統一的な定義は存在しないが、組織への愛着や誇り、組織へのコミットメント、組織に対する自己効力感などを含んだ概念である。ワークエンゲージメントは「仕事そのもの」に対するポジティブな心理状態、従業員エンゲージメントは「属する組織」に対するポジティブな心理状態と考えればわかりやすいだろう（図表10-1）。

　エンゲージメントへの注目が高まった背景の1つに、「諸外国と比べて日本のエンゲージメントは低い」という調査結果が示されたことがある。

　東アジア圏はそもそもエンゲージメントが低く、その中でも日本は最低水準にあるとされる。このいささかショッキングな結果を受け、わが国におけるエンゲージメント向上の取組みが本格化した経緯がある。

　近年では、一橋大学の伊藤邦雄名誉教授を座長とする経済産業省の「人材版伊藤レポート2.0」において従業員エンゲージメントが取り上げられたことも後押しになっていると思われる。

◆エンゲージメントサーベイによる現状把握

　エンゲージメントを向上させるためには、まずエンゲージメントサーベイを行い、自社の現状を把握することである。エンゲージメントサーベイはあらかじめ用意された調査票を使用して実施する場合と、新規に調査票を設計して実施する場合の2通りのやり方がある。

　エンゲージメントサーベイの回答率は高いほど組織の実態を正確に表す。最低でも70%程度、可能であれば90%以上の回答率を目指したい。また、社員が「会社から良い回答者と思われたい」と考え恣意的な回答を選択することがないよう、個人を特定しないように実施することが望ましい。

図表 10-1　ワークエンゲージメントと従業員エンゲージメント

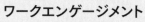

◆**エンゲージメントに関する課題の特定**

　エンゲージメントサーベイを実施した後は、結果を分析し、課題を抽出する。まずは全体傾向を俯瞰し、どの設問が高いか低いかを確認していく。

　次に、所属や年代、勤続年数、資格等級、雇用形態など、区分別の状況を確認する。例えば特定の部署が極端に低い結果を示していれば、その部署ではエンゲージメントに関する何らかの問題が起きていると考えられる。年代別で確認した場合に20代が低く、30代以降徐々に上昇する傾向が見られた場合は、若手層に対する改善策が必要になることがわかる。

　この他にも、カテゴリ間の相関分析や、決定木分析などのデータマイニングは、エンゲージメントサーベイの分析における代表的な手法である。

　また、自由記述欄は組織の状況を理解する上で重要な示唆を与えてくれることが多いため、丹念に読み込むことが重要である。

◆**エンゲージメント向上施策の実施**

　課題を特定した後は、具体的な施策の検討を行う。エンゲージメント向上に関する施策として人事制度の見直しやコミュニケーションの活性化といったテーマがイメージされやすいが、必ずしもそれらだけに留まらない。

　エンゲージメント向上では、タフアサインメント（ハードルの高い課題の割り当て）やリスキリングによる成長機会の提供、情報の可視化を通じた部門間連携の促進、社史の編纂やアルムナイ（退職したOB/OG）との交流を通じた自社の理解促進、プロボノ（仕事のスキルを活かした社会貢献）や地域貢献等の非営利活動の推奨など、さまざまな施策が検討できる（図表10-2）。

　施策を検討した上で、実際の推進体制を組成する。前述したとおり、エンゲージメント向上施策は人事部門が所管するものに限らないため、他部門と連携して全社的な対応を行うことになる。部門最適に陥らないよう、エンゲージメントに関する専門チームを立ち上げ、経営企画部や総務部、情報システム部などからメンバーを集める方法もよく採用される。

　また、所管する部門のない施策があれば、別途ワーキンググループを作って推進する方法も有効である。

　エンゲージメント向上は目に見えにくい取組みであるからこそ、定期的にエンゲージメントサーベイを実施して効果測定を行うことが重要である。一般的に年1回程度の頻度でエンゲージメントサーベイを実施し、前回サーベイとの比較を通じて施策の実効性を検証する。

図表10-2　エンゲージメント向上施策の例

理念の浸透
パーパスの策定、社内広報

自社の理解促進
社史の作成、アルムナイとの交流

人事制度改革
評価制度の見直し、処遇改善

ダイバーシティ＆インクルージョン
女性活躍、LGBTの理解促進

多様な働き方の整備
ワークスタイル改革

コミュニケーション活性化
表彰制度、1on1、組織開発

業務量の平準化
業務プロセス改革、システムの導入

成長機会の提供
配置・異動、資格取得、リスキリング

情報の見える化
スケジュール公開、Know Who

社会との接続
顧客接点の提供、自社製品の理解促進

社外連携、学際・業際活動
出向、海外交流、学術機関と共同研究

非営利活動
プロボノ、地域貢献、ボランティア

心理的安全性
自由に発言できる職場環境でより良い意思決定を行う

◆心理的安全性とは

　心理的安全性とは、組織の中で自由に発言しても対人関係の問題に発展しないとメンバーが信じられることである。グーグルが社内のさまざまな組織を対象に行った調査で「心理的安全性を高めると組織のパフォーマンスと創造性が向上する」と明らかにしたことで、心理的安全性という考え方が広く知られるようになった。

　右肩上がりの成長が当たり前の時代であればトップダウンで方針を浸透させ、素早くミスのないオペレーションを行うことが強い組織の条件であった。しかし、軍事用語のVUCAがビジネスで使われるほど将来予測が困難な現代においては、各現場が変化を読み取り、さまざまな視点から健全に意見を戦わせることで、より良い意思決定を重ねていくことが必要になってくる。良い議論を行うためには心理的安全性が必要であり、この点からも心理的安全性の重要性はますます高まっている。

◆心理的安全性の誤解

　心理的安全性の高い組織を「家族的で仲の良い組織」のことであると勘違いされているケースがよくある。「心理的安全性を高めるために、当社では月1回は飲み会を開催しています」といった話を聞くことも多い。

　しかし、前述したように、心理的安全性とは対人関係への影響を気にすることなく健全な議論ができる状態を指す。仲の良い組織は、組織に不和が生じることを恐れ、かえって健全な議論ができなくなっていることも多いのである。間違っていると思えば臆せず指摘し合えるような組織を目指すべきなのであって、単に仲の良い組織を目指すのは心理的安全性の考え方とは異なる。

　また、心理的安全性の高い組織を「怒られることがない組織」と捉えられていることがあるが、これももちろん誤りである。心理的安全性の高い組織とは、むしろ一定のポジティブな緊張感がある組織とイメージしたほうが正しい。

◆心理的安全性の高い組織づくり

心理的安全性の高い組織を作るために必要な取組みはさまざまあるが、基本的な3つの姿勢を大切にしたい。

まず、誰もが「組織に必要だと思ったことは何でも表明してみる」という姿勢を持つことである。「本当はこうしたほうがいいと思うのだけど、意見するのは憚られる」としり込みするのではなく、組織のために良かれと思って考えた意見であれば素直に提案してみる。

次に、周囲は「意見を口に出してくれたこと自体にまず感謝する」という姿勢を忘れてはならない。その人は何らかの葛藤を乗り越えて発言してくれたのかもしれないのだから、まず組織のために意見してくれたという事実を歓迎する。

最後に、「言われたことは何でも一旦受け入れて咀嚼する」という姿勢を持つ。たとえ意見が的はずれだったり、タイミングが適切でなかったりしても、すぐに否定するのではなく、一度受け止めることが大切である。そうしなければ自由闊達な意見が出にくくなってしまう。もちろん、咀嚼した上で反論したり、対案を出したりすることは大いに行うべきである。

マネジャーはこれら3つの姿勢を職場で推奨した上で、部下が実践できるように支援することが必要である。組織内のコミュニケーションが変化していくことで、徐々に心理的安全性の高い組織へ近づくことができる（図表11）。

図表11　心理的安全性の高い組織に向けた3つの姿勢

1	組織に必要だと思ったことは何でも表明してみる
2	意見を口に出してくれたこと自体にまず感謝する
3	言われたことは何でも一旦受け入れて咀嚼する

12

リーダーシップ
メンバーがリーダーシップを発揮するシェアドリーダーシップが重要

◆メンバー一人ひとりのシェアドリーダーシップが大切

リーダーシップとは、組織をまとめ、組織目標を実現する能力のこと。

特にVUCAと呼ばれる先が見通せない現代のビジネス環境においては、リーダー1人が組織を牽引していくのではなく、メンバーそれぞれがリーダーシップを発揮していくこと（シェアドリーダーシップ）が重要になる。

◆リーダーシップのタイプがわかるPM理論

PM理論とはリーダーシップのパターンを示した考え方である。

PM型は、成果を出す能力と集団をまとめる能力の両方が高いリーダーであり、理想的なリーダーシップといえる。

Pm型は、成果を出す能力は高いが集団をまとめる能力に欠けるタイプ。目標達成に意識が傾きがちなため、人間関係への配慮が必要である。

pM型は、成果を出す能力は低いが集団をまとめる能力が高いリーダー。人間関係は良好だが成果への意識に欠ける「緩い職場」になりがち。

pm型は、成果を出す能力と集団をまとめる能力の両方が低いリーダーであり、望ましくないリーダーシップ。

自らのリーダーシップがどのパターンに該当するか把握し、欠けている視点を補う姿勢が重要である。

◆メンバーの成熟度に応じて指導スタイルを変えるSL理論

SL理論とは、メンバーの成熟度に合わせてリーダーシップのスタイルを変えることの重要性を説いた考え方である。この理論では、メンバーの成熟度に合わせて指示的行動と援助的行動のバランスを変化させることを論じている。指示的行動とは仕事に関わる具体的な指示命令を出すもの、援助的行動とは部下の自主性を尊重して支援するものである。

メンバーの成熟度が低い場合は「指示型」で接する。ある程度メンバーが経験を積んだら「説得型」に切り替え、徐々に指示的行動を控えて「援助型」や「委任型」へと移行することが望ましいとされている。

図表12 PM理論とSL理論

■ PM理論

	集団維持機能 低	集団維持機能 高
目標達成機能 高	**Pm型** 成果を出す能力が高い 集団をまとめる能力が低い	**PM型** 成果を出す能力が高い 集団をまとめる能力が高い
目標達成機能 低	**pm型** 成果を出す能力が低い 集団をまとめる能力が低い	**pM型** 成果を出す能力が低い 集団をまとめる能力が高い

PM理論は社会心理学者三隅二不二が提唱。P (Performance function) は目標達成機能、M (Maintenance function) は集団維持機能のこと。

■ SL理論

	指示的行動 多	指示的行動 少
援助的行動 多	**説得型** 細かく指示を出すが、意向も尊重し援助する	**援助型** 仕事を任せ、支援する
援助的行動 少	**指示型** 細かく指示を出す	**委任型** 本人に任せる

SL理論 (Situational Leadership Theory) は米国のコンサルタントで作家のケン・ブランチャードらが提唱。状況対応型リーダーシップ理論とも呼ばれる。

13 組織構造と組織の組み立て方
事業特性や経営スタイルによって各社各様の組織構造

◆機能別組織

　機能別組織とは、管理部や営業部、研究開発部、生産部などの職能別に組織をつくるものであり、一般的によくみられる組織構造である。

　組織が機能で分かれているため業務範囲が明確であり、効率的な体制といえる。各組織に専門家が集まる構造であるため、知識や経験の継承が行いやすく、社員の専門性を磨く上でもメリットがある。また、機能を集約するため調達などで規模の経済が働きやすくなることも長所である。

　一方、各組織がサイロ化することで、責任が不明確になったり、事業遂行における全体最適が損なわれてしまったりする場合もある。経営トップや管理職が組織間の調整を円滑に行うことがポイントになる組織構造であり、強力なリーダーシップを発揮できる組織に向いているといえる。

　また、特定の機能に習熟する強みがある一方、複数の機能を跨いだゼネラリストが育ちにくい点は機能別組織の弱みだとされる。

◆事業部制組織

　事業部制組織とは、事業部の下に営業部、研究開発部、生産部などの組織をつくるものである。管理機能は全社共通とする場合もあれば、各事業部の中に置く場合もある。事業部は取り扱う製品やサービス別に編成されることが多いが、その他にも所管する地域別や、ターゲットとする顧客別に事業部が編成されるパターンも存在する。

　事業部の中に事業に必要な機能が揃っているため、機動力に優れることが事業部制組織の最大の強みである。機能別組織の弱点であるサイロ化の問題を解消する体制であり、事業環境の異なる複数の製品やサービスを扱う企業で採用される。

　一方、事業部間で機能が重複する非効率もある。例えば、複数の事業部が同じ調達先から部品を調達していたり、同じ顧客へ別々に営業活動を展開していたりといった事態が起こり得る。事業部を分けるメリットを活かしつつ、事業部間で情報の透明化を図るなどの工夫が重要である。

◆ 図表 13-1　日本企業の代表的な組織構造①

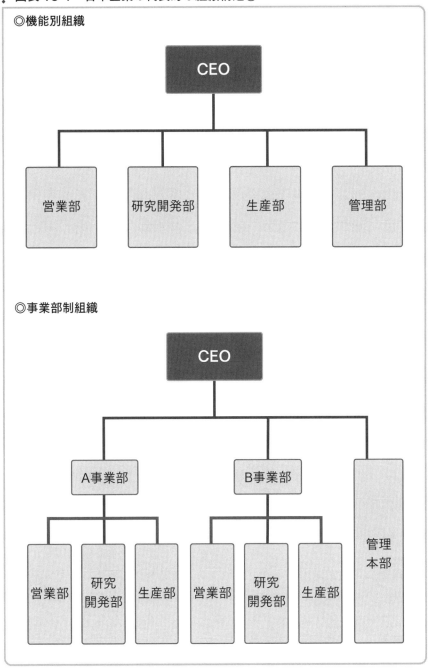

◆カンパニー制組織

　事業部制組織をさらに発展させた組織構造として、カンパニー制組織がある。カンパニー制組織とは、事業部を1つの会社のように見立てて大きな裁量を与えるものである。事業部制組織は重要な意思決定を事業部単独で行えなかったり、事業部に人事権が与えられていなかったりするケースが多い。これに対し、カンパニーは事業部よりも大きな権限を持ち、社内の会計上も独立した組織として扱われる。

　それぞれのカンパニーに社長に相当するポジションを設け、経営戦略や人事、財務など幅広い判断を委ねるため、各カンパニーでスピーディにアクションを取れることがメリットといえる。また、裁量が大きいことから、将来の経営人材候補を育成するにはうってつけの環境である。

　一方、それぞれのカンパニーに大きな権限を付与するため、本社からの監視が弱まることに注意が必要である。不正行為などが起こらないよう万全のガバナンス体制を整備することが重要だ。

　カンパニー制組織は持株会社に近い組織形態であるが、カンパニー制は同一の法人内に仮想的な会社を作るものであり、持株会社は本社と子会社を別法人とするものである。将来的に持株会社への移行を想定している場合に、前段階としてカンパニー制組織を導入することがある。

◆プロジェクト型組織

　プロジェクト型組織とは、社員がいずれかの組織に所属した上で、適宜組成されるプロジェクトにメンバーとして参加するものである。例えば、営業部に所属する社員が、情報システム部が主導する会計システム導入プロジェクトと、調達部が主導するコスト削減プロジェクトに、それぞれメンバーとして参加するようなイメージである。

　適宜柔軟にプロジェクトを組成し、人材の有効活用やスピード向上を期待できることがメリットである。環境変化への対応力に優れた組織体制といえるだろう。また、1人の社員が複数のプロジェクトを掛け持ちするため効率的に人材を活用することができることも長所である。

　一方、プロジェクト型組織は本来の所属組織と参加しているプロジェクトで2人の上司が存在するような状況が生まれる。そのため、社員の混乱を招いたり、組織間の調整業務が増大したりすることがデメリットになる。また、社員を適切に評価することが難しくなりがちである。

図表 13-2　日本企業の代表的な組織構造②

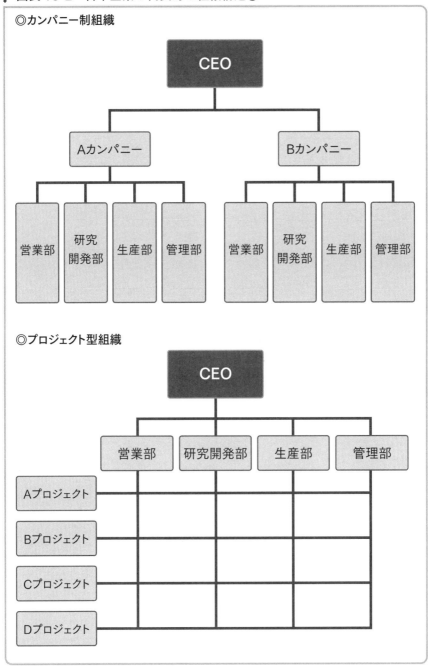

第2章　人と組織の基本知識

組織風土と組織文化
組織風土は組織の「土壌」、組織文化は土壌の上に建つ「建築物」

◆組織風土と組織文化の違い

　組織風土とは、社員の考え方や行動に影響する一連の規範や価値観、行動特性のことである。例えば、「挑戦的な組織風土」や「主体的な組織風土」「協力的な組織風土」というように、良い組織風土には会社を問わず普遍性がある。

　組織文化とは、過去の成功体験をもとに意識的に明文化する信念や価値観であり、トヨタ自動車であればカイゼン文化というように、会社ごとの独自性が強い。

　組織風土は安定した経営を行うために不可欠な土台であり、例えるならば「土壌」である。組織文化は競争優位につながる差別化要因であり、例えるならば「建築物」であるといえよう。土壌が悪ければ建築物が建たないし、良い土壌があっても強い建築物が建たなければ組織は強くならない（図表14）。

◆組織風土改革

　組織風土を改革していきたいと考えるとき、まず取り組むのは自社の組織風土がどのような状況であるのかを把握することである。アンケートやインタビューを通じて、社員に通底する規範や価値観、行動特性を明らかにする。これによって「受け身の姿勢が強く、主体的な行動に欠けている」「各部門がサイロ化して相互に協力し合う風土がない」など、組織風土の課題が見えてくるだろう。

　課題が特定できたら、解決施策を検討する。例えば、評価制度を見直して主体的な行動を評価するようにしたり、コミュニケーション活性化を通じて部門をまたいだ協力行動を喚起したりとさまざまに考えられる。

　組織風土改革の施策は人事部が所管するものに留まらない。情報システム部門や経営企画部門など、他部門と連携しながら施策を推進していくことになる。また、所管する部門が存在しない施策があれば、現場からメンバーを集めワーキンググループを組成して取り組む。

◆組織文化改革

　組織文化改革も組織風土改革と同様、現状把握からスタートする。ただし、組織文化は自社の成功体験に紐づく信念や価値観を明文化して定義されるため、過去の振り返りを通じて自社独自の組織文化を探求することが必要になる。そのため、社史や過去の社内報を読み込むことによる歴史の理解や、OB社員へのインタビューなども有効な手法になる。組織文化はどこかから借りてくるのではなく、自社の過去にルーツが存在するのである。自社の成功体験に紐づくからこそ社員が信じることができる組織文化になるのであり、組織へ浸透していく。

　組織文化はミッション、ビジョン、バリューなどの形で定義することも多い。いずれにしても、自社の組織文化を明文化し、経営陣がコミットした上で、戦略や組織、制度などに落とし込んで社員の行動を変えていくことが必要になる。

図表14　組織風土と組織文化

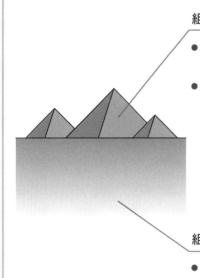

組織文化：健全な土壌の上に建つ建築物
- 過去の成功体験をもとに意識的に明文化する信念や価値観
- 会社の競争優位につながる差別化要因であり、会社ごとの独自性が強い

組織風土：耕すことで豊かになる土壌
- 社員の考え方や行動に影響する一連の規範や価値観、行動特性
- 安定した経営を行うために不可欠な土台であり、会社を問わず普遍性がある

15 組織開発
多様化する社員の関係性を深め、より良い組織を目指すための取組み

◆組織開発とは

組織開発とは、社員の関係性を深め、より良い組織を目指すための取組みを指す。1950年代のアメリカで生まれた概念であり、Organization Developmentの頭文字を取ってODと呼ばれることもある。

組織開発に注目が集まる背景の1つに、社員の多様化がある。同質性の高い組織であれば、人間関係における課題は生じにくい。しかし、さまざまな属性や価値観を持つ社員が増えてくると人間関係に起因した課題も増えるため、組織開発のアプローチが必要になってくるのである。

◆診断型組織開発と対話型組織開発

診断型組織開発とは、組織のデータを集めて分析し、特定した課題に対して施策を講じるものである。一定のファクトをもとに課題を導くため、アプローチの妥当性を検証しやすく、社内の合意形成を図りやすいことが最大の利点である。また、アンケートを用いることにより社員全体の状況を短期間で把握できることもメリットといえる。

一方、分析から組織課題の本質を掴むことが難しく、表面的な課題に飛びつきやすいことに注意が必要なアプローチである。

対話型組織開発とは、社員同士の対話の場を作り、対話を通じて組織としてのありたい姿を描き、取り組むべきアクションを明らかにしていくものである。最大の利点は、課題とアクションを特定する対話のプロセスそのものが、組織内の関係性を深化させていくことにつながることである。

一方、一息に全社へ展開することが難しいことから、進め方を誤ると草の根運動のように見なされてしまう場合があることに注意が必要である。短期的な成果を求める声が強い組織ではうまく継続せず、当初の目的を果たせないまま尻すぼみに終わってしまうこともある。

両者はどちらか一方が優れているということはなく、それぞれの良いところを取り入れながら進めていくことが肝要である。組織開発は長期の取組みであり、自社に合ったアプローチで進めていく姿勢が重要だ。

48

図表 15-1　診断型組織開発と対話型組織開発

	診断型組織開発	対話型組織開発
特徴	組織のデータを集めて分析し、特定した課題に対して施策を講じるアプローチ	社員同士の対話を通じて取り組むべきアクションを明らかにしていくアプローチ
進め方の例	1. アンケート調査等の実施 2. データの分析 3. 現場を交えた議論 4. 計画の立案と実施 5. 評価・見直し	1. コアチームの組成 2. 対話の場の設計 3. 対話の実施 4. 計画の立案と実施 5. 評価・見直し
メリット	社内の合意形成を図りやすい。アンケートを用いることにより社員全体の状況を短期間で把握できる	対話のプロセスそのものが組織内の関係性を深化させ、組織開発につながる
デメリット	分析から組織課題の本質を掴むことが難しく、表面的な課題に飛びつきやすい	全社へ展開するには時間がかかるため、短期的な成果を求める組織には受け入れられにくい

診断型組織開発と対話型組織開発のどちらかを選ぶのではなく、それぞれの良いところを取り入れながら進めることが重要

第2章　人と組織の基本知識

◆具体的なアクションにつなげるための「サーベイフィードバック」

　サーベイフィードバックとは、従業員アンケートなどの結果を組織内で共有し、前向きに次のアクションを議論する取組みを指す。アンケートをやりっぱなしにするのではなく、結果を正面から受け止め、具体的な改善活動につなげるために実施される。

　サーベイフィードバックは、まずミーティングの目的を共有することから始める。次に、心理的安全性を保つために守るべきグランドルールを説明する。その後、実際のデータを全員で確認し、データから考えられることを参加者から自由に発言してもらう。最後に今後の具体的なアクションを検討し、ミーティングを終了する。

◆多くの人との対話から気づきを得る「ワールドカフェ」

　ワールドカフェはワークショップの手法の1つであり、組織開発の一環としてよく実施される。まず、4～5人を1つのグループとして特定のテーマについて対話を行う。次に、各グループで1人だけテーブルに残り、その他の人はばらばらに他のテーブルへ移動した上で、新しいメンバーで引き続き対話を行う。このセッションを数回繰り返し、最後に当初のテーブルに戻り、最初のメンバーで気づきの共有を行う。セッションごとに異なるメンバーと対話を行うため、毎回違った気づきを得ることができる。

　また、1つのセッションで得た気づきを次のセッションで共有していくことで、議論を発展させていく狙いがある。

◆上司と部下でカジュアルに対話する「1on1ミーティング」

　1on1ミーティングとは上司と部下が1対1で定期的に行うミーティングのことであり、近年多くの会社で実施されるようになった手法である。評価面談のようなフォーマルなミーティングとは異なり、一般的にカジュアルな雰囲気の中で実施される。評価面談は上司から部下に対するコメントが中心となるが、1on1ミーティングはむしろ部下の考え方や発言を尊重する点に違いがある。1回あたり30分程度の短時間で、週1回～月1回程度の高頻度で定期的に実施する形式が多い。

　トークテーマは自由に設定して構わないが、部下の悩みや不安、職務における課題、健康面、今後のキャリア、プライベートな話題などを共有し、部下の問題解決や気づきの創出を図る場とすることが一般的である。

◆関係の質を改善することで良いスパイラルを生む「成功の循環モデル」

　成功の循環モデルはマサチューセッツ工科大学組織学習センターの共同創始者ダニエル・キム氏が提唱したフレームであり、組織開発において大切にされている考え方である。成功の循環モデルでは、組織を「関係の質」「思考の質」「行動の質」「結果の質」から捉える。

　「関係の質」が高まると「思考の質」が高まり、思考の質が「行動の質」を高め、「結果の質」につながるという好循環が生まれる。例えば、周囲との関係性が良化すると、本人の考え方が前向きになり、主体的な行動が生まれ、良い成果が生まれる、ということである。

　一方、「結果の質」ばかりに固執すると、「関係の質」が悪化し、「思考の質」や「行動の質」が悪化するという悪循環が生じることもある。例えば、組織目標という結果ばかりを追い求めると、組織内にギスギスした空気が生まれ、不安感が蔓延して思考が後ろ向きになり、行動が消極化する、といった悪循環である。

　組織開発の視点では、「結果の質」だけを追求するのではなく、まず「関係の質」を良化させることが重要ということになる（図表15-2）。

図表 15-2　成功の循環モデル

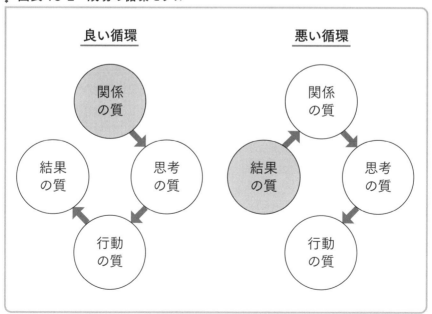

16

ダイバーシティ＆インクルージョン
組織の多様性・公平性・包摂性・帰属性を高めて働きやすくする

◆ダイバーシティ＆インクルージョンに取り組む意義

　グローバル化の進展やワークスタイルの変化により、労働者の多様化が進んでいる。多様な人材の能力活用とその恩恵の享受のために、ダイバーシティ＆インクルージョン（D&I）への取組みが増えている。近年ではエクイティとビロンギングの視点を加え、「DEIB」と表現されることも多い。

　ダイバーシティ（多様性）は、年代や性別、性的志向、障害の有無等の表層的多様性や、パーソナリティや価値観等の深層的多様性が組織に存在する状態のことを指す。エクイティ（公平性）は、個々の特性やバックグラウンドに合わせた機会の調整や配慮がなされ、組織に公平性が存在する状態のことを指す。インクルージョン（包摂性）は、誰もが排除されず、自身の強みを発揮して活躍できる包摂性が組織に存在する状態のことを指す。ビロンギング（帰属性）は、組織の一員であることを誇りに感じ、組織のために行動したいと思える帰属性が組織に存在する状態のことを指す。

　組織の多様性、公平性、包摂性、帰属性を高め、働く人が自社を自分の居場所であると感じられる環境を作ることがダイバーシティ＆インクルージョンの取組みである（図表16-1）。

◆ダイバーシティ＆インクルージョンの期待効果

　ダイバーシティ＆インクルージョンには、さまざまな期待効果がある。

　まず、多様な視点が持ち込まれることによるイノベーション力の強化だ。同質性の高い組織で検討していては気づけなかった発想を取り込むことで、新しい事業や製品を生み出すイノベーションにつながることが期待できる。

　また、多様性が高まることによって集団浅慮を回避できる可能性も高くなる。集団浅慮とは、集団が持つ同調圧力によって正常な判断能力が失われ、本来であれば好ましくない結論を導いてしまう傾向のことをいう。

　さらに、ダイバーシティ＆インクルージョンへ取り組むこと自体が社員に好感され、人材の定着や活性化、さらには新規人材の採用競争力の強化につながる効果も期待できる。

図表 16-1　ダイバーシティ、エクイティ、インクルージョン、ビロンギング

Diversity 多様性	年代や性別、性的志向、障害の有無等の表層的多様性や、パーソナリティや価値観等の深層的多様性が組織に存在する状態
Equity 公平性	個々の特性やバックグラウンドに合わせた機会の調整や配慮があり、組織に公平性が存在する状態
Inclusion 包摂性	誰もが排除されず、自身の強みを発揮して活躍できる包摂性が組織に存在する状態
Belonging 帰属性	組織の一員であることを誇りに感じ、組織のために行動したいと思える帰属性が組織に存在する状態

ダイバーシティ＆インクルージョンとは、
働く人が"自分の居場所"だと感じられる組織をつくること

◆ダイバーシティ＆インクルージョンの主要テーマ「女性活躍推進」

　ダイバーシティ＆インクルージョンの主要なテーマの1つに女性活躍推進がある。内閣府男女共同参画局は「女性版骨太の方針2024」において、「企業等における女性活躍の一層の推進」「女性の所得向上・経済的自立に向けた取組の一層の推進」「個人の尊厳と安心・安全が守られる社会の実現」「女性活躍・男女共同参画の取組の一層の加速化」の4つの柱を掲げて推進することを公表している。

　また、人的資本情報の開示の義務化により、女性活躍推進法に基づく女性管理職比率を公表する企業は有価証券報告書への記載が必要になった。

◆実質的な機会均等を実現する取組みとなるポジティブ・アクション

　内閣府男女共同参画局はポジティブ・アクションを「社会的・構造的な差別によって不利益を被っている者に対して、一定の範囲で特別の機会を提供することなどにより、実質的な機会均等を実現することを目的として講じる暫定的な措置」と定義している。社会的・構造的な差別とは、女性を例に取れば、そもそもの採用人数の不平等、「女性より男性のほうが優れている」という評価者の差別がもたらす評価の不平等、難しい業務へのアサインを回避されることによる能力開発の不平等、社内にロールモデルがいないことによる心理的な不平等、家庭内労働の男女不均衡による働き方の不平等などが該当する。

　このような状況において、一定の範囲で特別の機会を提供し実質的な機会均等を実現する取組みがポジティブ・アクションである。再び女性を例に取れば、管理職ポストへ女性を積極的に登用していくことは、男女の不平等を解消するためのポジティブ・アクションの1つといえる。

◆無意識の偏見「アンコンシャスバイアス」に注意

　アンコンシャスバイアスとは無意識の偏見や思い込みのことである。代表的なアンコンシャスバイアスとして、「ステレオタイプバイアス」「確証バイアス」「正常性バイアス」「ハロー効果」「親和性バイアス」「慈悲的差別」などが知られている。アンコンシャスバイアスは、意識的に考えなくとも瞬時に情報を処理して判断するために必要なものであり、完全になくすことはできない。しかし、アンコンシャスバイアスが悪影響を及ぼす場合があることを理解しておくことは重要である（図表16-2）。

図表 16-2　アンコンシャスバイアスの代表的な種類

ステレオタイプバイアス

人の属性や一部の特性に基づく先入観や固定観念により判断すること

例）「理系には男性のほうが向いている」と思う

確証バイアス

自分の仮説や考えを肯定する情報ばかり集め、考えに反する情報は軽視すること

例）相手の血液型がA型と知ると、A型の特徴といわれる「几帳面さ」に目がつき、「やはりA型は几帳面だ」と思う

正常性バイアス

危機的な状況であっても情報を過小評価し、正常の範囲内だと思い込むこと

例）警報が鳴っても「うちは大丈夫」と思い、避難しようとしない

ハロー効果

ある対象を評価するとき、一部の特徴に引きずられて全体の印象が歪められること

例）学歴が高い人は仕事でも優秀だと思う

親和性バイアス

自分と似ている人により親しみを感じ、好感を持ちやすくなること

例）採用時に面接官が自分のバックグラウンドと似ている応募者を優遇して評価する

慈悲的差別

自分より立場が弱いと思う人や少数派に対して、好意的ではあるが勝手な思い込みをすること

例）「女性社員には体力仕事を任せないようにしよう」と思う

第2章　人と組織の基本知識

人事部コラム②

組織の「ハード面」だけでなく
「ソフト面」にも目を向ける

◆組織の正味の実力

　組織とは、「目的に必要な人員数を揃えさえすれば期待される成果が得られる」という単純なものでは決してない。100人を集めれば100人分の期待成果が得られるわけでは必ずしもなく、メンバーが充実した心理状態で仕事に取り組まなければ、半分程度の期待成果しか得られないような事態に陥ることがあるのである。

　逆にいえば、100人の組織で200人や300人の組織に匹敵するような力を持つこともあり得るのが組織というものだ。この成否を分ける重要な要素の1つが第2章でご紹介してきた、いわゆる「ソフト面」への働きかけであると筆者は考えている。

　読者の皆さまは、誰もが目標達成のため、ひたむきに取り組む組織で過ごした経験が一度はあるのではないだろうか。例えばクラス一丸となって取り組んだ文化祭や、インターハイ出場を目指して日夜努力した部活の思い出のようなものだ。そのような充実した時間を、人生の多くの部分を費やすことになる会社生活でも味わうことができれば、きっと素晴らしい人生になるのではないか。また、社員が充実した会社生活を送ることは組織の生産性を高めることにつながり、ひいては会社にとっても意味のある取組みになるだろう。だからこそ、「ソフト面」への取組みは人事部員としても決して無視のできないテーマといえるのである。

◆「ソフト面」の取組みへの着手を

　「ソフト面」の取組みは、「こうすれば必ずうまくいく」というベストプラクティスの存在しない領域である。なぜなら、社員個別の状況はさまざまに異なっており、当然組織ごとの状況も異なるからである。しかし、社員にとって充実した仕事ができる組織を目指して試行錯誤を続けることで、少しずつ理想の組織に近づくことはできる。まずは「ソフト面」の取組みに着手してみるところから始めてみよう。

　社員の充実した時間が会社の生産性向上につながり、さらには会社の競争力を高めることになる。筆者はそう信じてやまない。

第 **3** 章

人材戦略と人的資本経営

人的資本経営

人材や知的財産等の無形資産が企業の競争力を大きく左右する

◆人的資本経営の背景と2つのテーマ

　人的資本経営とは、「人材を資本として捉え、その価値を最大限に引き出すことで、中長期的な企業価値向上につなげる経営のあり方」(経済産業省ホームページ)である。2020年1月以降、経済産業省において「持続的な企業価値の向上と人的資本に関する研究会」が開催され、その検討結果が同年9月に公表された(通称「人材版伊藤レポート」)。以降、人事領域において注目度の高いテーマとなっている。

　人的資本が注目されるようになった背景としては、企業の競争優位確保や企業価値向上の源泉が有形資産から無形資産に移行した点が挙げられる。かつては、設備投資によって有形資産の価値向上を図ることが重要であったが、人材や知的財産等の無形資産が企業の競争力を大きく左右する時代に変わり、人的資本は無形資産の重要な要素として情報・研究開発などを生み出す根源となっている。いまや、自社の人的資本こそが企業の競争力に直結しているといえよう。

　昨今では、機関投資家や社会全体からの要請もあり、どの企業においてもサステナビリティ(持続可能性)やESGへの対応が欠かせない。機関投資家もESGの各項目のうち、「人的資源の有効活用・人材育成」を重視する項目の上位に挙げており、人的資本の重要性がうかがえる(図表17-1①)。

◆人的資本経営による変革の方向性

　とはいえ、人材を企業経営の源泉とし、各種諸制度を整備・運用していたことは、上記経済産業省レポート公表以前からなされていたことである。人的資本経営の概念が注目されるようになって、どのような変化があるのだろうか。

　図表17-1②では、人的資本経営による変革の方向性を整理している。

　「人材マネジメントの目的」の観点では、従来、人材は管理する対象として捉えられることが多く、人材に投じる資金は費用(コスト)であるとみなされ、できるかぎり抑えようとされてきた。

図表 17-1　人的資本経営の背景と方向性

①投資家がESGについて注目する要素

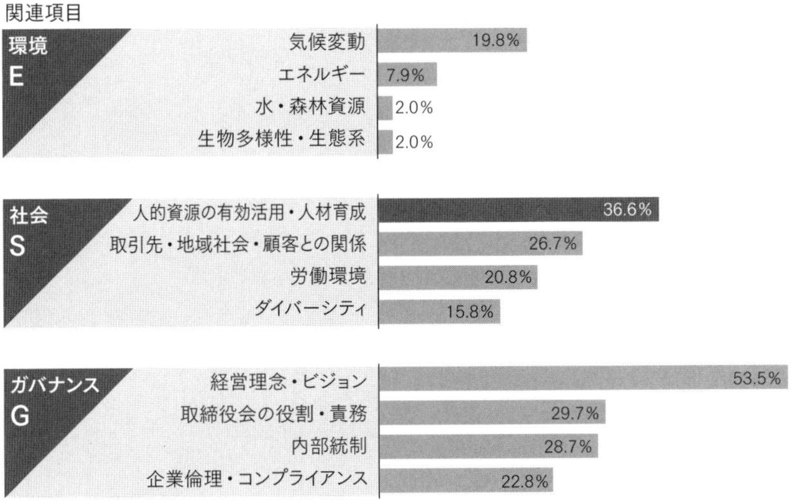

関連項目

環境 E

気候変動	19.8%
エネルギー	7.9%
水・森林資源	2.0%
生物多様性・生態系	2.0%

社会 S

人的資源の有効活用・人材育成	36.6%
取引先・地域社会・顧客との関係	26.7%
労働環境	20.8%
ダイバーシティ	15.8%

ガバナンス G

経営理念・ビジョン	53.5%
取締役会の役割・責務	29.7%
内部統制	28.7%
企業倫理・コンプライアンス	22.8%

経済産業省「持続的な企業価値の向上と人的資本に関する研究会 報告書 参考資料」(2020年9月)をもとに筆者作成

②人的資本経営による変革の方向性

	現在	今後
人材マネジメントの目的	人的資源の管理	人的資本による価値創造
アクション	人事	人材戦略
イニシアティブ	人事部	経営陣/取締役会
ベクトル・方向性	内向き	積極的対話
個と組織の関係性	相互依存	個の自律・活性化
雇用コミュニティ	囲い込み型	選び、選ばれる関係

経済産業省「持続的な企業価値の向上と人的資本に関する研究会 報告書」(2020年9月)をもとに筆者作成

これからの時代においては、人材は資本であり、価値創造の源泉となることから、積極的に投資していくことが期待されている。

　「アクション」「イニシアティブ」の観点では、人事施策を人事部に閉じたものとして捉えるのではなく、企業価値の向上、経営戦略の実現のための人材戦略と捉え、経営上の重要な検討事項と位置付ける必要がある。結果として、このテーマは人事部での検討に留まらず、経営陣・取締役会での積極的な議論が求められるようになる。

　「ベクトル・方向性」の観点では、ステークホルダーとの積極的な対話が求められるようになる。自社の人材や人材戦略について、社内外のステークホルダーに発信し、対話の必要性が高まっている。

　「個と組織の関係性」「雇用コミュニティ」の観点では、企業と個人が「選び、選ばれる関係」を構築することで、多様な価値観や専門性を持つ人材による雇用コミュニティが構成される。こうした雇用コミュニティは、人材の多様性を生み、多様性は新たな価値を創造することに寄与することになる。

　以上、いくつかのキーワードから人的資本経営による変革の方向性を整理したが、いずれも「人的資本は企業価値の向上に大きな影響を与える」という前提のもとに成り立っている考え方である。

　人事部員としては、これまで実施していた各種施策が、企業価値向上にどのように寄与するのかを検証し、社内・社外に説明できるようにしておく必要があろう。

◆人的資本経営のフレームワーク「3つの視点と5つの要素」

　図表17-2の「3つの視点と5つの要素」は、経済産業省が示している人的資本経営のフレームワークである。

　中でも、人的資本経営の最も重要な点が「経営戦略と人材戦略の連動」であり、これを具体的な施策として検討するのが、「動的な人材ポートフォリオ計画の策定と運用」である。これら2つのテーマについては、この章の以降の節で詳説する。

　その他「エンゲージメント」「ダイバーシティ＆インクルージョン」については第2章［10 エンゲージメントの向上］［16 ダイバーシティ＆インクルージョン］を、「リスキル・学び直し」については第4章［31 人材開発②リスキリング］をそれぞれ参照されたい。

図表 17-2　経済産業省が示す人的資本経営のフレームワーク

3つの視点	経営戦略と人材戦略の連動	企業を取り巻く環境が大きく、かつ、急速に変化する中で、持続的に企業価値を向上させるためには、経営戦略・ビジネスモデルと表裏一体で、その実現を支える人材戦略を策定・実行することが必要不可欠
	「As is-To be ギャップ」の定量把握	人材戦略が、ビジネスモデルや経営戦略と連動しているかを判断するためにも、As is - To be ギャップ（現在の姿とあるべき姿の差異）を可能なかぎり定量的に把握することが必要
	企業文化への定着	企業文化は、日々の活動・取組みを通じて醸成されるものであり、企業理念、企業の存在意義（パーパス）や持続的な企業価値の向上につながる企業文化を定義し、企業文化への定着に向けて取り組むことが必要
5つの要素	動的な人材ポートフォリオ計画の策定と運用	現在の経営戦略の実現、新たなビジネスモデルへの対応に必要となる人材を質・量の両面で充足・最適化させることが必要となる。このためには、現時点の人材やスキルを起点とするのではなく、現在の経営戦略の実現、新たなビジネスモデルへの対応という将来的な目標からバックキャストする形で、必要となる人材の要件を定義し、その要件を充たす人材を獲得・育成することが求められる
	ダイバーシティ＆インクルージョン	中長期的な企業価値向上のためには、非連続的なイノベーションを生み出すことが重要であり、その原動力となるのは、多様な個人の掛け合わせである
	リスキル・学び直し	事業環境の急速な変化、個人の価値観の多様化に対応するためにも、個人のリスキル・スキルシフトの促進、専門性の向上が必要
	エンゲージメント	現在の経営戦略の実現、新たなビジネスモデルへの対応に必要な人材が自身の能力・スキルを発揮してもらうためにも、従業員がやりがいや働きがいを感じ、主体的に業務に取り組むことができる環境を創りあげることが必要
	時間や場所にとらわれない働き方	いつでも、どこでも、安全かつ安心して働くことができる環境を平時から整えることが事業継続やレジリエンスの観点からも必要

経済産業省「人的資本経営の実現に向けた検討会 報告書（人材版伊藤レポート 2.0）」（2022 年 5 月）をもとに筆者作成

18 人材戦略

経営戦略の推進に向けて、あるべき人材群の質と量を検討する

◆人材戦略とは

　人材戦略とは、経営戦略・事業戦略の遂行に必要な人材を維持・確保するための具体的な計画の集合体である。人材戦略は、企業が有する各種機能戦略の1つとして位置付けられる。他の主要な機能戦略としては、財務戦略、マーケティング戦略などがある（図表18①）。

　図表18①のとおり、人材戦略は経営理念・経営戦略の下位概念であり、よって、人的資本経営の3つの視点である「経営戦略と人材戦略の連動」は、いわば当然のことである。

　しかしながら、人的資本経営の議論において、あえて「経営戦略と人材戦略の連動」が主張されているのは、これまで、人材戦略が経営戦略と連動していなかったことの証左であろう。言い換えれば、人材戦略とは、人事施策・人材施策の単なる集合体を意味するものではない。経営戦略・事業戦略等の上位概念を実現するための戦略ということである。

◆経営戦略と人材戦略の連動

　それでは、経営戦略と連動した人材戦略をどのように検討すべきであろうか。この点、図表18②のように将来的な事業像の変化と併せて考えるとよい。

　図表18②の左側は、現在の経営・事業に基づく事業像を示している。この事業を実現する上で、必要な人材群の質と量を整理する。ここでいう人材群の質とは、職種やスキルと考えてもよい。

　そして右側は、経営戦略・事業戦略に基づく将来の事業像を示している。将来的にこの事業を実現する上での人材群の質と量を特定し、将来の人材群の質と量と現在の人材群の質と量との差を明らかにする。そして、この差を埋めるための採用・育成・配置転換・環境整備等の施策を計画・実施する。この計画こそが真の人材戦略である。

　このように人材戦略は、単に現在の施策の集合体とするのではなく、将来の事業戦略を踏まえて検討する必要がある。

図表18 人材戦略

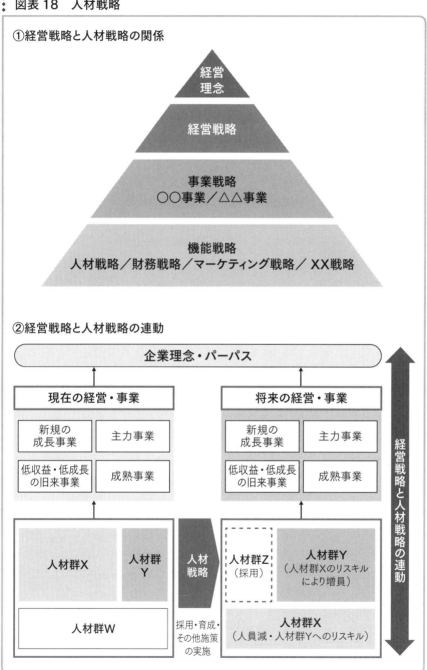

19 人材ポートフォリオ

経営戦略と連動した人材戦略を可視化するためのツール

◆人材ポートフォリオとは

人材ポートフォリオとは、ある条件に基づいて企業内の人材を人材群に分類し、質と量を明らかにしたものである。

なお、どのような条件に基づき人材群を分類するかは、人材ポートフォリオを作る目的によって異なる。図表19①は、一般的に紹介される人材ポートフォリオの例である。

◆人的資本経営時代の人材ポートフォリオ

人材ポートフォリオは、人材戦略を可視化するためのツールとなる。人的資本経営における「経営戦略と連動した人材戦略」とは、経営戦略に基づく将来の事業像を踏まえ、あるべき人材群の質と量を実現するための計画である（[18 人材戦略] 参照）。この観点で人材ポートフォリオを検討すると、図表19②のように事業ごとに必要となる人材数の現在と未来を示すことが考えられる。

◆人材ポートフォリオの社内合意の必要性

図表19②の人材ポートフォリオは、現在と将来で同じ合計社員数であることを前提に作成したものである。この場合、事業状況の変化に応じて、人員数を減らさざるを得ない事業もあるだろう。しかしながら、現実的に各事業の立場（事業部長等）から、自事業の人員数の調整を積極的に行うことは難しい。また、事業部長間の調整によって人材ポートフォリオの合意を得ることも困難である。

したがって、全社的な人材ポートフォリオは、会社全体の方針として意思決定する必要がある。具体的には、取締役会やそれに準じる会議体での議論と合意が求められる。人的資本経営の重要なポイントとして、経営陣・取締役会主導で行うことが挙げられている（[17 人的資本経営] 参照）のは、こうした現場レベルで決定しにくい事項を会社全体として意思決定することで、経営戦略と連動した人材戦略を機動的に実行する点にある。

64

図表 19　人材ポートフォリオ

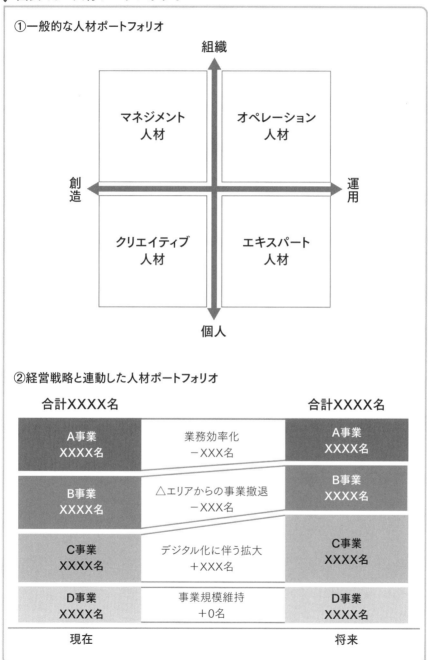

20 タレントマネジメント

従業員データから人事戦略を実現する配置転換や人材育成を行うプロセス

◆タレントマネジメントとは

　タレントマネジメントとは、従業員等の業務経歴・スキル・人事評価等のデータを一元的に集約し、人事戦略を実現するための配置転換や人材育成を行うプロセスを指す（集約するデータの例について図表20①参照）。

　タレントマネジメントをサポートするツールやサービスは多数あり、こうしたツールやサービスを含めてタレントマネジメントと呼ぶことが多い。昨今では、大量のデータを管理しつつも、見やすさ・使いやすさに優れたツールやサービスが増えている。

◆タレントマネジメントと人材戦略

　人材戦略を実現するためには、将来のあるべき人材群の質と量を定め、その実現に向かって、採用・育成・配置転換を行う必要がある。例えば、配置転換を行う場合には、「どの人材が、転換後の職務の人材要件を満たすスキルや経験を有しているか」等を確認する必要があり、データを活用して科学的に、そして、適切に候補人材を選定する必要がある（図表20②）。

　データが整備されていない時代の人事部は人事部員の記憶をベースにタレントマネジメントを行っていたが、データドリブンな意思決定が重視される昨今では、人事部もデータの活用が急務となっている。

◆タレントマネジメントの難しさ

　タレントマネジメントに必要となる情報のうち、人事評価の結果等については、各組織の管理職が登録する場合があり、また、保有資格については社員本人が入力する場合がある等、データの保有者、入力者が多岐に及ぶ。タレントマネジメントに関与する社員が増えれば、そうした社員に対してデータの更新・入力を促すことが必要となる。古いデータ、正しくないデータから正しい判断は生まれない。

　したがって、人事部は、タレントマネジメントに関与する社員が適切な時期に、適切なデータを入力できるよう、啓蒙・サポートを行う必要がある。

図表20　タレントマネジメント

①タレントマネジメントで管理する項目例

●基本情報（姓名、年齢、性別等）	●他社在職履歴
●職務情報（所属、職務、等級等）	●昇降格履歴
●能力／スキル	●異動希望
●経歴、配属部署	●面談記録
●保有資格	●組織サーベイ／アンケート回答

②タレントマネジメントの活用イメージ

海外支社長の最適な人材を検討したい

海外支社長の条件・優先順位を設定

条件1	年齢40歳〜45歳
条件2	海外経験年数10年以上
条件3	TOEIC800点以上

登録されているデータから、条件に適合する人材を抽出し、優先順位をつける

候補者データ

	評価	年齢	海外経験	TOEIC	優先順位
Aさん	S	35	5年	880	2
Bさん	B	40	15年	850	
Cさん	A	55	10年	700	3

第3章　人材戦略と人的資本経営

21

人的資本の開示
人的資本経営におけるステークホルダーとの対話

◆**人的資本経営と人的資本の開示**

　人的資本経営の目的は持続的な企業価値の向上であり、そのためには、投資家を含め各種ステークホルダーとの積極的な対話が求められる。

　もともとは欧米からスタートした人的資本の開示だが、日本においても、2021年6月に公表された改訂版「コーポレートガバナンス・コード」において人的資本の開示が求められ、また、2023年1月の「企業内容等の開示に関する内閣府令」の改正により、有価証券報告書等において人的資本や多様性に関する開示が求められるようになった（人的資本の開示に関連する主な法令・指針等について図表21-1①参照）。人事部はこうした情報開示の対応についても社内関係部署と連携して対応を行う必要がある。

◆**開示する媒体**

　人的資本を開示する媒体には、「有価証券報告書」「統合報告書」「事業報告」「中期経営計画」「決算発表資料」等がある。投資家以外のステークホルダーへの開示では、各企業の採用ホームページも有効なツールである。

　媒体の選択、開示内容は各企業の判断によるが、上場企業においては、有価証券報告書において人的資本や多様性の開示が求められている。

◆**有価証券報告書における開示内容**

　有価証券報告書においては、①人材の多様性の確保を含む人材の育成に関する方針および社内環境整備に関する方針（例えば、人材の採用および維持ならびに従業員の安全および健康に関する方針等）、②当該方針に関する指標の内容ならびに当該指標を用いた目標および実績、③管理職に占める女性労働者の割合、男性労働者の育児休業取得率、労働者の男女の賃金の差異等の開示が求められている。

　このうち③については、有価証券報告書の提出会社のみならず連結子会社についても開示が求められており、連結子会社を含めた情報の把握が必要となる（図表21-1②）。

図表 21-1　人的資本の開示

①人的資本の開示に関する法令・指針等

法令・指針	所管	時期	概要
持続的な企業価値の向上と人的資本に関する研究会報告書〜人材版伊藤レポート〜	経済産業省	2020年9月	経営環境の変化に応じた人材戦略の構築を促し、中長期的な企業価値の向上につなげる観点から、人材戦略に関する経営陣、取締役、投資家それぞれの役割や、投資家との対話のあり方、関係者の行動変容を促す方策等を検討
コーポレートガバナンス・コード（改訂）	金融庁・東京証券取引所	2021年6月	企業の中核人材における多様性の確保についての考え方と自主的かつ測定可能な目標に関する開示、人的資本への投資等の開示に関する補充原則を追加
人的資本可視化指針	内閣官房非財務情報可視化研究会	2022年8月	人的資本に関する情報開示のあり方に焦点を当てて、既存の基準やガイドラインの活用方法を含めた対応の方向性について包括的に整理
企業内容等の開示に関する内閣府令（改正）	金融庁	2023年1月	有価証券報告書において、人材育成の方針や社内環境整備方針および当該方針に関する指標の内容、多様性指標（女性管理職割合、男性育児休業取得率および男女間賃金差異）等を記載

②有価証券報告書の開示における記載対象

開示項目	記載対象		
	連結会社（提出会社＋連結子会社）	提出会社	連結子会社
人材育成方針・社内環境整備方針	要記載 ・記載が困難であれば範囲限定可 ・現在の取組状況に応じて記載可 ・Web を参照することにより記載省略可	記載不要 ・連結ベースでの記載が困難であれば、主要な事業を営む会社単体またはこれらを含む一定のグループ単位での開示も可能	
方針に関する指標の内容・指標を用いた目標及び実績			
女性管理職割合	努力義務	要記載＊	要記載＊ ・海外子会社は対象外 ・Web 参照による記載省略不可
男性育児休業取得率			
男女の賃金差異			

＊女性活躍推進法、育児・介護休業法の公表義務の対象となっている企業のみ

第3章　人材戦略と人的資本経営

◆**開示においても必要となる「経営戦略と人材戦略の連動」**

　情報開示は、ステークホルダーとの対話ツールであり、主要なステークホルダーである機関投資家は「経営戦略と人材戦略の連動」に注目している。よって、開示に際しては、単に指標・実績・目標の羅列を示すのではなく、経営戦略と人材育成方針・社内環境整備方針が連動しており、それらの方針と指標・実績・目標が連動していることが求められる。

　その際、「経営戦略に基づく将来の事業構成を踏まえたあるべき人材群」について触れると納得感のある、ストーリー性の高い情報開示となろう（図表21-2①）。

◆**目標の設定**

　上述のとおり、人材育成方針・社内環境整備方針に関する指標の内容ならびに当該指標を用いた目標および実績を開示することが求められているが、実際には目標の開示がなされていない企業も多い。

　人的資本経営の本質は「経営戦略と人材戦略の連動」にあり、その第一歩として、中長期的なビジョンの実現や経営戦略を実行するためにどのような人材が必要となるか、質的量的に特定することが求められる。

　この質と量を具体化したものが目標であり、可視化と開示の観点では、指標を設定する以上、目標を定めることは不可欠であろう。

◆**求められる「独自性」「価値向上」の観点**

　内閣官房非財務情報可視化研究会が公表する「人的資本可視化指針」は、人的資本の情報開示を考える上で参考になる。

　当該指針では、開示事項を①自社固有の戦略やビジネスモデルに沿った独自性のある事項、②比較可能性の観点から開示が期待される事項、③価値向上に向けた戦略的な取組みに関する事項、④企業価値を毀損するリスクに関する事項の4つに分類した上で、①と②のバランス、③と④のバランスが重要であるとしている（図表21-2②）。

　この点、「経営戦略と人材戦略の連動」の観点では、①独自性と③価値向上に向けた戦略的取組みの2点の開示が重要となる。

　言い換えれば、「経営戦略と人材戦略の連動」を意識して施策を検討・実行していれば、自ずとこれら2点の開示が可能となる。

図表 21-2　人的資本の開示

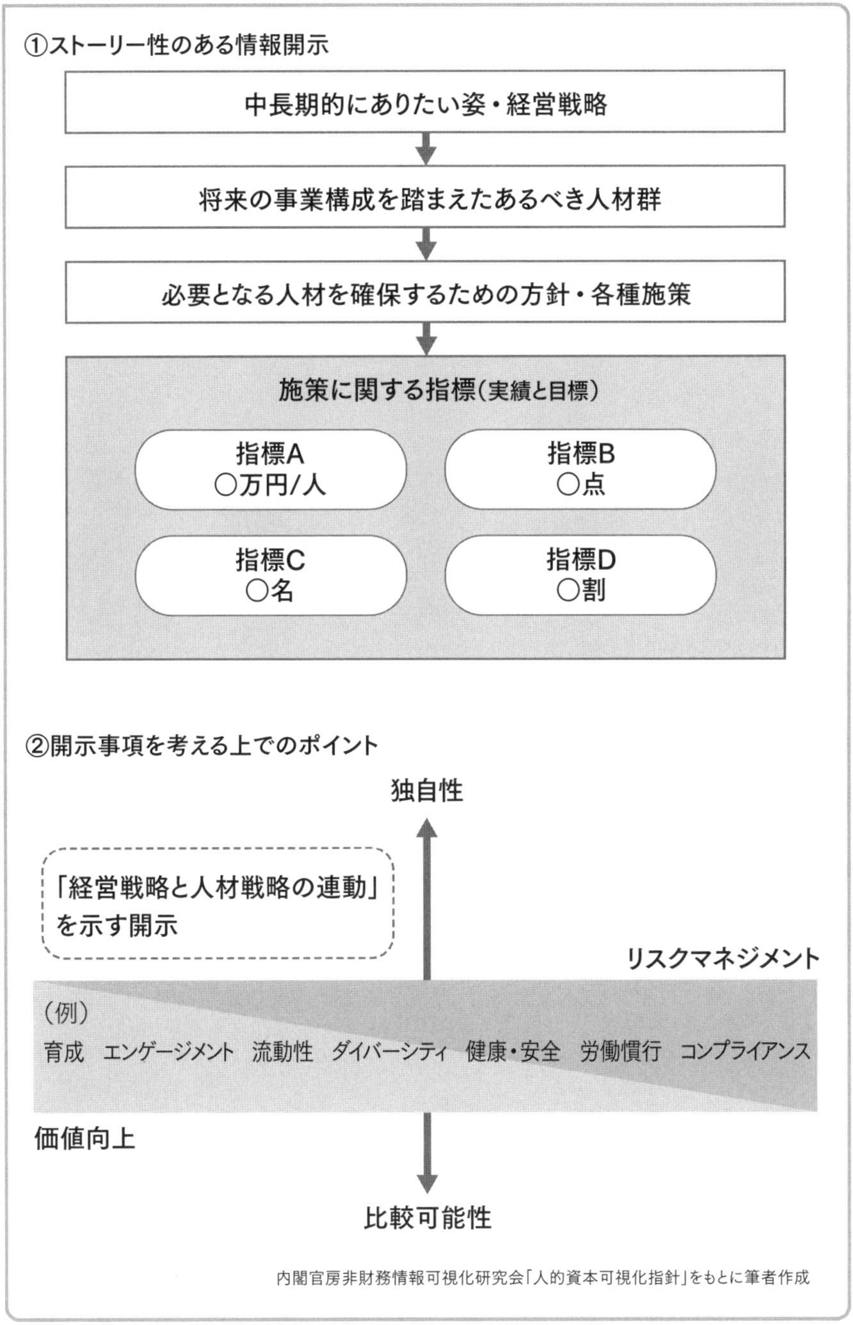

① ストーリー性のある情報開示

中長期的にありたい姿・経営戦略
↓
将来の事業構成を踏まえたあるべき人材群
↓
必要となる人材を確保するための方針・各種施策
↓

施策に関する指標（実績と目標）

- 指標A　〇万円/人
- 指標B　〇点
- 指標C　〇名
- 指標D　〇割

② 開示事項を考える上でのポイント

独自性

「経営戦略と人材戦略の連動」を示す開示

リスクマネジメント

（例）
育成　エンゲージメント　流動性　ダイバーシティ　健康・安全　労働慣行　コンプライアンス

価値向上

比較可能性

内閣官房非財務情報可視化研究会「人的資本可視化指針」をもとに筆者作成

第3章　人材戦略と人的資本経営

22

サステナブル人事
長期視点の企業価値向上の実現を図る人材マネジメント

◆戦略人事の進化型となるサステナブル人事

　サステナビリティ（持続可能性）の時代を迎えている。近年、単に売上・利益目標を実現するだけでなく、脱炭素、従業員のウェルビーイング（身体的・精神的・社会的に良好な状態のこと）の向上などの要素が経営戦略に取り込まれるようになってきた。こうした状況の中で、戦略人事もまた、サステナビリティ経営の実現に向けた人事施策を取り込んでいくことが不可欠となっている。

　このような人事のあり方を「サステナブル人事」という。サステナブル人事は、「短期的な利益を追求するだけでなく、長期的な企業価値向上の視点を持って、顧客や投資家はもとより、従業員、行政、社会などさまざまなステークホルダーに応える人材マネジメント」と定義できる。

　いわば、戦略人事の進化型としての位置付けである（図表22①）。

◆サステナブル人事の施策例

　どのような施策がサステナブル人事に該当するのだろうか。

　企業が脱炭素などの環境関連や人権、社会貢献等に関する経営目標を掲げる場合には、そのために必要な人材の採用や従業員教育、さらには、評価・報酬等を通じたインセンティブ設計などがサステナブル人事の主要施策として浮上する（図表22②）。

　具体例の1つとして人事評価を取り上げてみよう。多くの会社では、ホワイトカラーに目標管理（MBO）を適用している。この場合、売上や粗利、業務改善等に関する目標に加えて、例えば会社が掲げるESG目標に連動した項目を1つ以上設定することをルール化する。そうすれば、従業員1人ひとりの意識が必然的にサステナビリティに向かうようになる。

　このように、会社が掲げる利益目標とサステナビリティ目標とを矛盾のない形で両立させるべく、採用から育成、評価、報酬、昇進・昇格まで首尾一貫した人事施策を構築・実行しなければならない。それが戦略人事の進化型としてのサステナブル人事の課題といえるだろう。

図表 22　サステナブル人事

①経営戦略の進化とサステナブル人事

経営戦略の進化　　**人事戦略の進化**

かつての経営目標
- マーケットシェアの拡大
- 利益の最大化

旧来の経営戦略 ⇨ 旧来の戦略人事

戦略人事の課題
マーケットシェアや利益目標の達成に資する人事施策

いまの経営目標
- マーケットシェアの拡大
- 利益の最大化
- ＋
- CO_2排出量削減
- ウェルビーイングの向上
- 人材の多様性実現

進化　　進化

サステナブル経営 ⇨ サステナブル人事

サステナブル人事の課題
会社の利益目標とサステナビリティ目標を両立させ、企業価値の向上に資する人事施策

②サステナブル人事の施策（例）

区分	施策の例
採用	・環境問題への意識など、求職者のサスティナビリティ感度の高さを採用選考基準の一要素として取り入れる ・外国人や女性、障害者など、従業員の多様性を向上させるための採用戦略を策定・実行する
育成	・すべての従業員に対し、3R（Reduce、Reuse、Recycle）の意識を高めるための教育を実施する ・会社が掲げるサステナビリティ目標に即したeラーニング教材を用意し、従業員に受講を促す
評価	・環境保護や多様性尊重に関する要素（サステナビリティ・コンピテンシー）を行動評価項目の1つとして追加する ・毎期のMBO（目標管理）において、原則としてESG関連の目標を少なくとも1つ設定することをルール化する
報酬	・ESG関連の経営目標の達成度を（役員はもとより）従業員の賞与原資の決定に連動させる ・非金銭的報酬として、会社が掲げるサステナビリティ目標の実現に貢献があった社員を表彰する
昇進	・多様性の向上を念頭に、外国籍社員や女性の管理職比率に関する目標を設定し、管理職選抜における考慮要素の1つとする ・会社が掲げるサステナビリティ目標を意識した行動を率先垂範していることを昇格推薦のための必要条件とする

第3章　人材戦略と人的資本経営

23

人事情報システム戦略
人材戦略に沿って一貫した人事活動を行うためのプラットフォーム

◆**人事情報（人材データ）とは**

　経営戦略や事業戦略に連動した人材戦略の実現に向けては、採用・育成・配置などすべての活動が一貫していることが求められるが、そのためには、従業員1人ひとりのさまざまな人事情報（人材データ）が必要となる。

　従来、人材データとは、等級や所属部署などの基礎的な情報や、勤怠状況や給与など、日頃から管理の対象とする情報を指すことが多かった。

　しかし、HRトランスフォーメーション（戦略企画型の人事部を目指す変革）においては、従業員1人ひとりの能力や経験、パフォーマンスの発揮状況（人事評価の結果やエンゲージメント）など、いわゆるタレントマネジメントに必要な情報も求められる（図表23①）。

◆**人事情報システムの活用によって目指す姿**

　日本企業では、人事部の業務のうち、サービスセンター機能（給与計算や福利厚生対応などのオペレーション業務）が多くの割合を占めてきたが、これらは、業務ごとに適したシステムを用いることによって効率化できる。

　これによって生まれる業務時間・人員の余力を企画業務に充て、人事部の経営参画機能をより一層高めていくことが期待されている。

◆**人材データの活用段階**

　人材データの活用には、①デジタル化、②統合化、③戦略的活用の3つの段階があり（図表23②）、日本企業は現状、デジタル化以前の段階（勘と経験に頼る人事）にあることも珍しくない。統合化や戦略的活用に到達するためには、タレントマネジメントシステムの導入が不可欠であるが、これは一様ではなく、機能やカスタマイズ性、導入費用はシステムによって異なるため、自社の環境や予算などに応じた検討が必要となる。

　このように、人事情報システム戦略の立案は人材戦略と同様に、「中長期的にどのような人材マネジメントを実現したいか」という構想から描くことが肝要となる。

図表 23　人事情報システム戦略

①代表的な人事情報システム

種類	主な目的・機能
人事基幹システム（人事給与システム）	・基礎的な情報の管理 ・給与情報の管理
タレントマネジメントシステム	・タレント情報管理（職務経験、保有資格・スキル、専門性など） ・人事評価管理 ・人材分析
勤怠管理システム	・出退勤時刻、残業時間の管理 ・休日・休暇の管理
労務管理システム	・入社・退職管理 ・各種申請の管理
その他	・採用管理 ・研修管理（e-ラーニング、研修受講記録など） ・健康管理（ストレスチェック、健康診断など） ・エンゲージメント ・アセスメント（360度評価、SPIなど）　　など

②人材データ活用の3つの段階

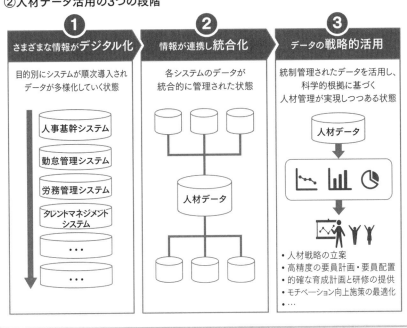

グループ会社における人事機能のあり方

人材と人事機能のグループ内最適配置によるシナジー創出

◆グループ会社とは

　グループ会社はビジネスにおいて広く知られる用語だが、これは、法定上は「関係会社」と呼ばれ、「親会社」「子会社」「関連会社」のまとまりを指す。親会社は、他の会社の株式を原則50％以上保有して経営を支配している会社を指し、支配されている側は子会社になる。なお、関連会社は子会社ではないものの、親会社が重要な影響力を持っている会社を指す。

　子会社を別の視点で捉えると、事業を推進して収益を生む「事業子会社」もあれば、グループ各社に特定の機能を提供する「機能子会社」も存在する。人事業務（または人事業務をはじめとした間接業務）のうち、労務管理や教育研修等のオペレーショナルな業務を集約した機能子会社はSSC（シェアードサービスセンター）とも呼ばれる（図表24①）。

◆人材マネジメントにおけるグループ経営の意義

　グループ会社としての経営は経営戦略上の利点が多いが、人事機能も例外ではなく、グループ内で人材を共有して最適に活用することで、さまざまなシナジーが創出できる。

　例えば、A社で「高いITスキルを持った人材」が必要になったと仮定する。A社にはそのような人材がいなくても、グループ会社のB社で該当者がいる場合は、A社に異動させることでグループ全体での最適配置が実現することとなる。また、このような会社の垣根を越えた異動・配置は、B社では経験できない仕事に触れる機会ともなることから、新たな知識やスキルを養成することにもつながる。

　なお、グループ内にSSCを設置する場合は、グループ全体の従業員を対象に人事業務を一元化することで、より効果的・効率的な業務推進と、専門性の強化が期待できる。

　このように、①グループ全体における最適配置の実現、②グループ横断での配置による人材開発、③人事機能の一元化によるコスト削減と付加価値向上の3点が、グループ人材マネジメントのねらいとなる（図表24②）。

図表24 グループ会社における人事機能

①グループ人事機能の考え方

グループ本体（親会社）の人事機能		グループ各社（子会社）の人事機能	
グループ戦略企画推進機能	・グループ採用方針 ・グループ人員計画 ・グループ研修計画 ・グループ幹部人材の育成・配置・ローテーション ・人事情報システム整備 など	個社企画推進機能	・採用計画 ・要員計画 ・育成計画 ・配置・異動計画 など
グループコントロール機能	・グループ各社の重要人事項の承認 ・総額人件費管理 ・昇給率・賞与等の確認・承認 ・グループ人事部長会議の主催 など	個社管理運営機能	・昇給・賞与配分管理 ・評価制度運営 ・労使協議・組合交渉 ・就業管理 など
対グループ会社向けサービス提供機能	・労務コンプライアンス対応支援 ・グループ共通研修の実施 など	対従業員向けサービス提供機能	・給与計算 ・社会・労働保険 ・寮・社宅管理 ・健康管理・安全衛生 など

反復性が高く、専門ノウハウを要する業務　　　　　　　反復性が高く、単純・定型的な業務

SSC（シェアードサービスセンター）　　　　**アウトソーシング**（外部機関への委託）

②グループ人材マネジメントのねらい

❶ グループ全体における最適配置の実現

必要なスキルを持った人材が個社内にいなくても
↓
グループ内の他社から適切な人材を配置できる

❷ グループ横断での配置による人材開発

会社の垣根を越えた異動・配置により
↓
個社ではできない業務経験、新たな知識・能力が養成できる

❸ 人事機能の一元化によるコスト削減と付加価値向上

SSC（シェアードサービスセンター）の設置により
↓
人事業務をより効果的・効率的に推進し、専門性も強化できる

25 グループ人材マネジメント戦略
グループ内での人材交流を実現するための仕掛け

◆**グループ会社における人事制度**

グループ人材マネジメントのねらいには、①グループ全体における最適配置、②グループ横断での配置による人材開発などがあるが、これを実現するにはグループ人事制度を整備する必要がある。

グループ人事制度は、必ずしも「グループ会社すべてを1つの仕組みに完全統一する」ものではなく、「グループの統制志向」と「グループ内の事業の多様性」によって、「統合型」「緩やかな統合型」「緩やかな分権型」「分権型」の4つの方針がある（図表25①）。

人事制度を一本化する「統合型」は現実的には少数派であり、人事制度の枠組みを揃える「緩やかな統合型」を選択するケースが多くみられる。

また、グループ会社の中で同一事業の会社は「統合型」や「緩やかな統合型」としつつも、統合化のシナジー効果があまり見込めない会社は「緩やかな分権型」や「分権型」とするなど、そもそも方針が複数となるパターンもあり得る。

◆**グループ会社間の人材交流の促進**

グループ人事制度の整備により、グループ全体の人材データ（等級や役職、評価結果など）が可視化された後には、会社間の垣根を越えて最適配置を行うことが可能となる。これは会社にとってのメリットであると同時に、「グループ会社で自分の力を試したい」と考える従業員にとっても魅力である。この従業員のチャレンジを促す仕組みの代表例には、「グループ共通のキャリア・シート」や「グループ内公募制度」などの導入がある。

グループ共通のキャリア・シートは、従業員自らがキャリア展望を記入するツールであり、上司や人事部との対話を通じて、グループ横断的な人材活用やグループ経営を担う人材育成の促進が期待できる（図表25②）。

グループ内公募制度は、人材を必要とする会社・部署がグループ内で募集をかけ、従業員が自分の意志で応募する「グループ内転職」の仕組みを指す。人事部はグループでの全体最適の目線で調整することが期待される。

図表 25　グループ人材マネジメント戦略

①グループ人事制度に関する4つの統合方針

	グループにおける事業の多様性		類型	グループ人事制度の方針

グループにおける事業の多様性

グループ統制志向		小	大
	強	Ⅰ	Ⅲ
	弱	Ⅱ	Ⅳ

類型		グループ人事制度の方針
Ⅰ	統合型	人事制度をグループ内で完全に統一する
Ⅱ	緩やかな統合型	人事制度のプラットフォーム（枠組み）を共通化する
Ⅲ	緩やかな分権型	制度統一は行わないが、グループ人事政策を一部共有する
Ⅳ	分権型	明示的なグループ人事統制は行わない

類型	グループ人事制度のイメージ(一例)
Ⅰ	・人事・賃金・評価制度は**グループ内で完全に同一** ・昇給・昇格・賞与等も、グループ本社で一元的に管理・決定
Ⅱ	・グループ内の**主要会社で、人事・賃金・評価制度等のプラットフォームを共通化** ・具体的な昇給・賞与水準や制度運用の細則は、各社ごとに異なる
Ⅲ	・グループ内で**制度統一は行わず**、各社独自に制度構築(ただし、制度設計はグループ本社協議事項) ・人件費管理・採用・人材開発・賃上げなど、**一部の人事政策や運用について、グループ内で方針を共有**
Ⅳ	・各グループ会社の自治を最大限尊重し、本社は各グループ会社の制度設計・運営に**ほとんど介入しない** ・グループ会社の**人事管理は、本社からの出向・転籍者を通じて間接的に統制**

②キャリア・シートのイメージ

キャリア・シート

社員番号		氏名		印
所属		等級		

作成日	20**年　月　日　印	面談日：所属長氏名	20**年　月　日　印
更新日	20**年　月　日　印	面談日：所属長氏名	20**年　月　日　印
更新日	20**年　月　日　印	面談日：所属長氏名	20**年　月　日　印
更新日	20**年　月　日　印	面談日：所属長氏名	20**年　月　日　印

【長期ビジョン】職場や仕事における10年後の自分の姿

		私の目指す姿	そのために必要な知識・スキル・経験	そのための行動計画	上司に期待する支援	受講研修・取得資格
中期	5年後					
短期	3年後					
	1年後					

上司所見
【1年後：面談所見】

【2年後：面談所見】

26 グローバル人材戦略
グローバルレベルでの人材活用のための処遇制度や人材開発の仕組み化

◆グローバル経営と人材マネジメント

　グローバル人材のマネジメントは、その企業の経営方針はもちろん、グローバル化の発展段階に強く依存する（図表26①）。

　一般にグローバル化の初期段階では、本国製品の販売拠点を海外に開設する戦略が採用されることが多い。この場合、グローバル事業は本社の海外部門が一元管理し、本国から派遣された駐在員が海外事業の主たる担い手になる。本国志向（ethnocentric）と呼ばれるアプローチである。

　さらに進むと、販売拠点だけでなく工場などの生産拠点も海外に設置される。海外に現地法人が開設されると、現地で採用したスタッフがその主要ポストを占めるようになる。このような会社を現地志向（polycentric）の企業という。

　最終ステージであるグローバル志向（global）の企業では、本国・現地の区別なく事業最適化の観点からワールドワイドに拠点が設けられ、第三国も含めて世界中から人材の調達が行われる。この段階に到達した日本企業は少ないが、欧米の大手グローバル企業がこれに該当する。

◆日本企業におけるグローバル人材戦略のあり方

　日本企業の場合、形式上は現地志向の段階であっても、実際には現地法人幹部のほぼ全員を日本人が占めていたり、各拠点の人材情報が全く共有されていなかったりするケースが少なくない。こうした状況を打破するため、グローバル人材戦略を策定する企業が増えている。

　戦略推進のためには、グローバルレベルでの人材活用を実現するための処遇制度や人材開発の仕組みの統一が求められる。例えば、管理職層にグローバル共通のグレード制度や人事評価システムを導入するなどの施策である。（図表26②）

　ただし、地域ごとに文化・習慣・法令等が異なるため、すべてを統一するのは非現実的であることに留意が必要である。幹となる部分は共通化し、運用ルールなど枝葉の部分は各拠点に委ねる判断が不可欠といえるだろう。

図表26　グローバル人材戦略

①グローバル経営の類型

	本国志向 (ethnocentric)	現地志向 (polycentric)	グローバル志向 (global)
特徴	本国の一極集中的な管理のもとグローバルビジネスを行う	本国の緩やかな統括のもと、現地の裁量によりグローバルビジネスを展開する	本国・現地の区別なく、ビジネスをグローバルレベルで最適化する
組織	本社国際事業ユニットによる一元管理	現地法人による自律的管理	グローバルでの最適な拠点配置による管理
人材	本国からの駐在員	現地スタッフ	第三国を含めワールドワイドで調達した人材

②グローバル人材戦略(例)

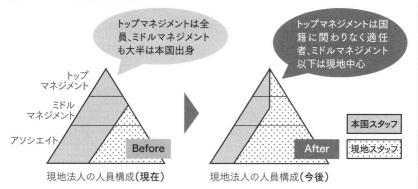

現地法人の人員構成(現在)　　現地法人の人員構成(今後)

区分	グローバル人材戦略に沿った見直しの方向性(例)
等級制度	適材適所の配置を念頭に、マネジメント層は等級制度をグローバルで共通化
報酬制度	マネジメント層は職務ベースとし、報酬水準は各国の相場に応じて調整
評価制度	評価体系は全世界共通とする。求心力維持のため、コア・バリューの実践度も評価。評価制度の運用細則は現地に委ねる
人材開発	人材育成体系をグローバルで統一し、ポテンシャルの高い人材を全世界で発掘

人事部コラム③

人事領域こそオープンイノベーションを

◆これからの人事部に期待されていること

　HRトランスフォーメーション（戦略企画型の人事部への変革）の重要性は第1章で述べたところだが、第3章の内容はいずれも、これを進める際の基本的な考え方といえる。

　ただし、いずれも人事部だけで答えが出せるようなテーマではない。「人材戦略」や「人材ポートフォリオ」は、経営企画部や事業部との対話が不可欠である。「人的資本の開示」では広報部や財務経理部、「タレントマネジメント」や「人事情報システム戦略」ではシステム部門とのコミュニケーションも必要だ。「グループ人材マネジメント」や「グローバル人材戦略」では、国内外のグループ会社とも紐帯を強める必要がある。

　人事部がこれらの部門と対等に、深い議論をするためには、人事領域の知識はもちろん、その周辺領域にまで守備範囲を広げるべきといえよう。

◆人事領域におけるオープンイノベーションの重要性

　しかしながら、人事部員個人が周辺領域の知識すべてをカバーすることは困難である。

　一方、どこかの企業の人事課題は、また別の企業でも課題となっていることは少なくない。

　そこで有用なのが、オープンイノベーション（社内外の垣根なくアイデアやノウハウを取り入れ、新たな価値を創出する手法）だ。2022年8月に設立された「人的資本経営コンソーシアム」もその1つで、人的資本経営にまつわる調査や事例共有が行われている。

　また、オープンイノベーションとまでいわずとも、他企業を交えた勉強会への参加も、これまで以上に重要だろう。

　これは社内でも同様だ。他部門と向き合う際は、どうしても「折衝」の色が強くなりがちだが、今後は「企業価値向上を支える共同体」という意識を持つことが肝要となる。年に数回、今後の方針を協議する場づくりはもちろん、日頃から気軽に相談できるような関係づくりも期待される。

第 **4** 章

人事部の年間活動
スケジュールと実務

27 年間活動スケジュールと主要業務
基本スケジュールは明確に定め、社内で共有し、業務連携する

◆人事部の主要業務の区分

第4章では人事部の実務について説明する。

人事部の主要業務は本書第1章［6 人事の役割と機能］において説明したとおり、おおむね以下に大別できる。

業務大区分	業務分掌
人事企画	人事戦略の立案、年間計画・予算の策定、人事制度の改善・効率化
採用	人材の採用計画の策定、計画に即した採用活動の推進
人材開発	人材育成体系の整備、全社教育研修計画の策定およびその実行
人事	従業員の異動・配置の企画、統括管理、昇進昇格の運用管理
給与	人件費管理、給与制度の改善・効率化、給与・税・社会保険の計算
勤労厚生	就業管理、表彰・懲戒、健康管理、安全衛生管理、福利厚生
労務	労働組合との連絡・調整、労使交渉の実施

◆人事部の年間活動スケジュール

86ページに上記の業務大区分単位ごとの人事部年間活動スケジュールを一覧に示した。このスケジュールはあくまでも一例である。また、3月決算の場合を想定しているため、決算期が異なる場合には、適宜、読み替えが必要である。

このスケジュールには1年の中で定例的に発生する業務は記載していない。例えば採用でいえば、通年採用やキャリア採用は時期を問わず発生するものであり、また、毎月の給与の支払事務も同様である。

新卒採用については、学生が学業に専念できるよう広報活動開始時期、採用選考活動開始時期、正式な内定日等について、関係省庁や経済団体からの要請がある場合がある。そうした要請や採用マーケットの状況等を踏まえて採用活動スケジュールを検討する必要がある。

なお、このスケジュールでは、上期・下期それぞれで人事評価を実施し、その評価結果が年に2回の賞与に反映される前提になっているが、人事評価の回数や報酬への反映のあり方も各社によって異なるだろう。いずれに

しても、このような年間スケジュールを明確にし、人事部員全員が把握しておくことで、業務間の連携をスムーズに進めることができる。

◆人的資本経営に関する事項

以下、昨今注目されている人的資本経営に関する事項について補足説明する。

①情報開示への対応

第3章［21 人的資本の開示］に示したとおり、上場会社においては、決算日から3カ月以内に発行する有価証券報告書において人的資本の開示が求められている。

この点については、IRを所管する部門や財務を所管する部門と連携の上、記載原案を人事部で整理する必要がある。

人的資本の開示には、連結子会社から情報を取得して開示しなければならない情報（多様性に関する情報）もあることから、早めに準備を進めておきたい。

②適切なアジェンダの設定

取締役会において人事・人材に関連する議論ができるよう適切なアジェンダを設定し、各種社内調整や資料準備を行う。

人的資本は企業価値向上に寄与するものであり、経営層を巻き込んだ議論、意思決定が必要である。多くの日本企業においては、取締役会における人事・人材関係のアジェンダは要員計画、採用計画等の付議に留まっていたものと思われる。

今後は、取締役会のアジェンダとして、人材戦略・人材ポートフォリオの議論を行うことが求められる。少なくとも年に2回はこうした議論ができるように準備することが望ましい。

◆社員の立場でスケジュールを考える

こうしてスケジュールを一覧化すると、人事部の業務の繁閑を整理することができるが、これは社員の立場からみれば、「人事部からの要請事項への対応の繁閑」である。

昨今、さまざまな社会的要請から多種のサーベイやオンライン型の研修を社内で実施せざるを得ないところだが、社員の負荷を極力軽減すべく、時期を分散させて実施する工夫は必要であろう。

85

図表 27 人事部年間活動スケジュール

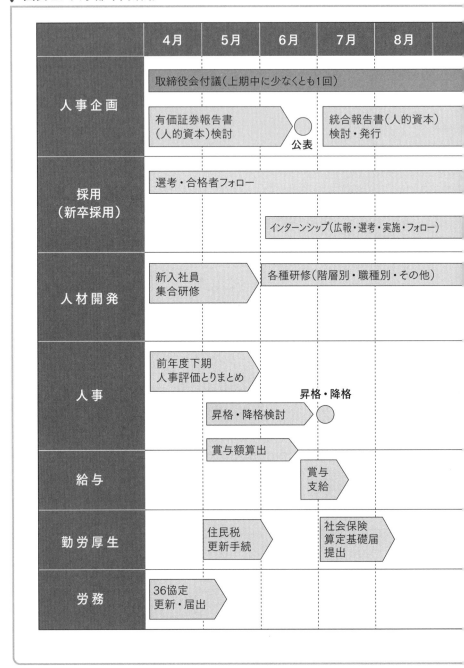

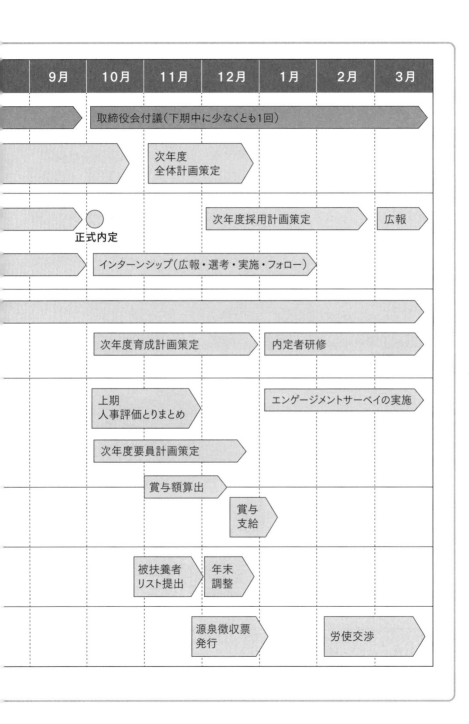

28 人材確保①

要員計画と要員管理
経営計画・事業計画を遂行するために必要となる業務

◆要員計画・要員管理の必要性

　要員計画とは、経営計画・事業計画を遂行するために必要となる人員の採用や配置の計画のことである。

　人材戦略とは、経営戦略に基づく将来の事業像を踏まえ、あるべき人材群の質と量を実現するための計画であるが、この計画は、3年後や5年後の状態といった中長期の目線で検討することが多い。

　これに対して、要員計画は毎年策定するものである。当該年度における各部署の適切な要員数を見定め、現状との過不足があれば、採用もしくは配置転換を検討することになる。つまり、要員計画がなければ採用計画を検討できず、採用活動を行うことができない。

　要員計画策定後は、要員計画と同じ状態もしくはそれに近い状態を維持するように採用・配置転換を行う。この取組みが要員管理である（図表28①）。

◆要員計画の策定方法

　実際に要員計画を策定する上では、人材戦略策定時のように将来の事業の状況を予測するだけでは十分ではない。

　一般的には、図表28②に示すように、「戦略的アプローチ」「財務的アプローチ」「業務的アプローチ」の3つの組み合わせによって要員計画を立てることになる。3つのアプローチを組み合わせることによって精度の高い要員計画が可能となる。

　通常は、各部署において次年度の要員計画を検討し、その計画を人事部が取りまとめることになるが、単に各部署の要員計画を合計するだけでは人材過多になりかねない。3つのアプローチは、各部署における要員計画の検討段階で考慮しておくことが望ましいが、考慮されていない場合には人事部おける検討・検証が必要となる。また、全社的な要員計画と各部署が検討した要員計画の合計に大きな差が生じないよう、各部署の要員計画に際して、あらかじめ目安や指針を示しておくことも有益であろう。

図表 28　要員計画と要員管理

① 要員計画と要員管理の基本的考え方

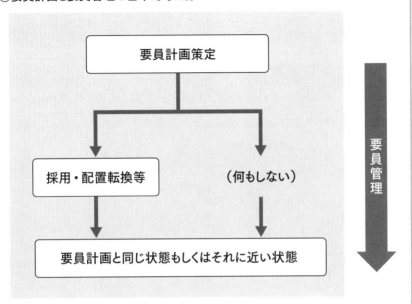

② 3つのアプローチを組み合わせる要員計画

戦略的アプローチ	会社の戦略を踏まえて要員計画を検討するアプローチ。「経営戦略と人材戦略の連動」の観点から人材の質・量を検討する
財務的アプローチ	年度の業績目標を踏まえ、適切な利益を確保できるように人件費を算出し、その人件費から人員の質・量を検討するアプローチ
業務的アプローチ	業務量の予想を立て、その業務量を適切に推進するために必要な人員数・量を検討するアプローチ

29 人材確保②

採用活動の実務
応募者に対する魅力訴求のために人事部以外の社員の活用がカギ

◆採用活動の４つの業務と採用戦略

一般的に採用活動には大きく次の４つの業務が必須となる。

①情報提供：適切な応募層に対して、自社の魅力（他社との違い）を幅広く伝える。

②情報収集：各応募者の就職活動の状況（希望業種や他社の選考状況）や希望条件等の情報を収集する。

③魅力訴求：収集した情報に基づき、各応募者に適した自社の魅力を伝える。

④選抜：適切な選考基準を設定し、各種選考（適性検査・筆記試験・面接等）を実施する。

これまでの人事部は「選抜」に主眼を置いて活動を行いがちであった。入社後に適切なパフォーマンスを発揮してもらうには、自社に適した人材を採用する必要があり、「選抜」は重要である。しかし、生産年齢人口の減少が見込まれるなかで人材を確保するには、応募者に魅力を感じてもらい、応募者に「入社したい」と思われることも重要となる。

その意味で、これからの採用活動においては「情報収集」「魅力訴求」がその成否のカギを握ることになる。

しかしながら、各応募者の情報を収集し、各応募者に適した魅力を伝えることは一定の労力が必要であり、人事部以外にも協力を求める必要があろう。以上を鑑みると、採用戦略とは魅力を訴求するマーケティング戦略と自社内の活動リソースを適切に活用するオペレーティング戦略の組み合わせであるともいえる。

図表29②では、採用活動の主要４業務に対応する実施施策の例を整理している。おおむね、上から順に進めることになる。

先に述べたとおり、これからの採用活動は応募者に対する魅力訴求のために人事部以外の社員（採用活動応援者）の活用がカギとなる。その際、採用活動応援者を活用することについて社内で理解を得ることや、採用活動応援者向けのガイドブック等を提供することが人事部の役割となる。

図表 29　採用活動の実務

①採用活動の主要4業務

	概要	従来の採用活動	これからの採用活動	採用戦略	
				マーケティング戦略	オペレーション戦略
1.情報提供	応募する候補となり得る層に対して、自社の魅力を幅広く伝える	○	○		
2.情報収集	各応募者の就職活動の状況・希望条件等の情報を収集する	△	◎		
3.魅力訴求	各応募者に適した自社の魅力を伝える	△	◎		
4.選抜	適切な選考基準を設定し、各種選考を実施する	◎	○		

②主要4業務と実施施策例との関係

主要4業務	実施施策例	M	O
1.情報提供	採用ブランドの現状把握・課題整理・改善の方向性検討（マーケティングリサーチによるブランド調査、社員・応諾者・辞退者へのインタビューを実施）	○	
	ターゲットとする応募者の検討（新卒採用の場合には「学科」「専攻」、キャリア採用の場合には「前職」「経験」）	○	
	採用競合と差別化できる魅力訴求ポイントの明確化	○	
	適切な広報施策の検討（自社採用リソースやターゲットを踏まえた適切な手法の検討）		○
	ターゲット、マーケット状況に適したインターンシップ等のイベント設計（実施時期・プログラム内容）	○	○
2.情報収集 3.魅力訴求	採用活動応援者（リクルーター等）に対する、情報収集・魅力訴求のためのガイドブック作成、研修実施	○	
	採用活動応援者の人選基準の設定、想定工数の検討等各種制度設計		○
	応募者ごとに、応諾に結び付ける（応募者が自社を選んでもらう）ための戦略検討	○	
3.魅力訴求 4.選抜	選考基準の検討（エントリーシート・適性検査・面接）	○	
	ターゲット、マーケット状況を踏まえた面接設計（日程・面接枠）		○
	「魅力訴求の要素を含めた面接」の運用方法検討、面接官向けトレーニング	○	
	選考合格から応諾（入社意思の決定）に向けたフォロー施策の検討	○	

「M」…マーケティング戦略の要素が強い施策　「O」…オペレーティング戦略の要素が強い施策

30 人材開発①

OJTとOFF-JT、自己啓発支援

「会社が期待する人材像」に連動して人事制度と教育制度を設計する

◆人材開発の要点

「有能者の確保」は、HRMの重要なテーマである。「有能者の確保」の手段として、「既に有能な人材の新規採用」と「（現時点では成長過程の）既存社員のスキルアップ」の2つの方法が代表的である。そのうち、後者のために会社が主導して実施するのが人材開発である。

人材開発は、「有能者＝会社が期待する人材像」を定めることから始まる。「会社が期待する人材像」に連動して人事制度と教育制度を設計する。

人事制度は、社員の成長と連動した「等級制度」、社員の成長度合いを把握するための「人事評価制度」、社員の成長度合いに応じて報いる「賃金制度」によって構成される。「会社が期待する人材像」として成長した人材に「報いる」のが主な機能である。

一方で、教育制度は「会社が期待する人材像」となるために必要なスキルを明示し、最適なスキル習得手段を提供するための仕組みである。人事制度とは異なり、「会社が期待する人材像」として「成長させる」のが主な機能である。なお、教育制度を一層効果的に機能させるために、機会提供の場として昇進や異動をセットにして実施することもある。

それらを体系的に組み合わせたものが人材開発体系である（図表30-1①）。

◆OJT、OFF-JT、自己啓発支援の違い

教育制度のスキル習得手段で代表的なのが、OJT（On-the-Job Training）、OFF-JT（Off-the-Job Training）、自己啓発の3種である（図表30-1②）。

OJTは「実際に職務を実施する場面において、実務を通じて知識・技能やカン・コツを習得させる方法」であり、上司や先輩の指導に頼ることが多い。比較的短期的な視野で必要とされるスキルの習得を対象とする。

OFF-JTは「実務から離れて、スキルを理論的・体系的に習得させる方法」である。中長期的・将来的な視野で必要とされているスキルや、OJTでは補いきれない発展知識の習得を対象とする。

自己啓発は「本人の自発的な勉強意欲や興味関心に基づく学習」である。

図表 30-1　OJT と OFF-JT、自己啓発支援

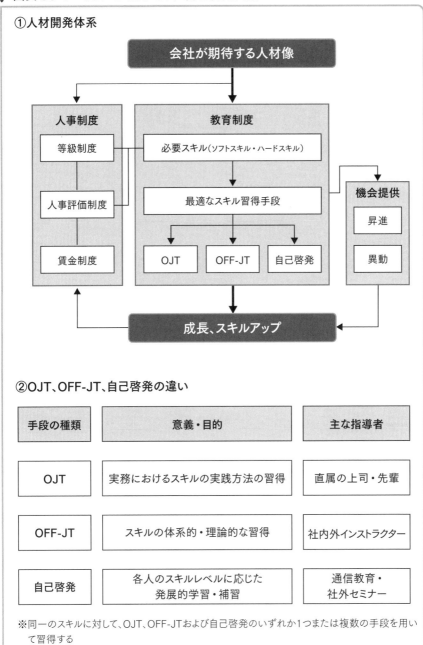

自己啓発の方法は各人に任せるのが基本だが、会社が推奨する内容については、費用の一部または全部を会社が負担したり、公的資格取得時に奨励金を支給したりする等の支援を実施することがある。

◆教育体系

　人材開発のスキル習得手段は、最も適切なタイミングや対象者に対して実施することで一層の効果を期待できる。教育体系はそれらのタイミングや対象者を可視化してわかりやすく周知するものである（図表30-2①）。

　教育体系は、「階層別教育」「テーマ別必須教育」「テーマ別選択教育」に分けて整理される。

　「階層別教育」では「当該階層にふさわしいスキルや振る舞い」を習得させる。なお、「上位階層への昇進・昇格準備や選抜」を目的とするものもこれに含まれる。

　「テーマ別教育」では「階層にかかわらず、旬なテーマや重要なテーマ」を習得させる。そのうち、「テーマ別必須教育」は全員を対象にするものであり、「テーマ別選択教育」は希望者や条件に該当する者を対象にするものである。近年では従業員の多様な成長ニーズに応えるために、「テーマ別選択教育」のメニューを増やす企業も増えている。

　なお、教育体系はOFF-JTを中心に構成されることが多いが、OJTや自己啓発支援を組み込むことも有効である。

◆教育の効果測定

　人材開発は「有能者を確保するための投資」であり、「投資対効果を検証するプロセス」＝「効果測定」が必要である（図表30-2②）。

　教育の効果測定は、PDCAの流れで実施する。「【P】教育施策の企画」「【D】教育施策の実行」「【C】教育施策の効果評価」「【D】内容の充実化や代替案の検討」である。

　効果測定というと「対象者のアンケート」を連想しやすいが、本来は一定期間経過後の「教育対象者の成長状況」に基づいて確認すべきものである。そのためには、「【P】教育施策の企画」の段階で「効果確認ポイント」を想定する。「【C】教育施策の効果評価」時点でそのポイントが満たされていなければ、「期待した効果が得られていない」と判断することができる。

図表 30-2　OJT と OFF-JT、自己啓発支援

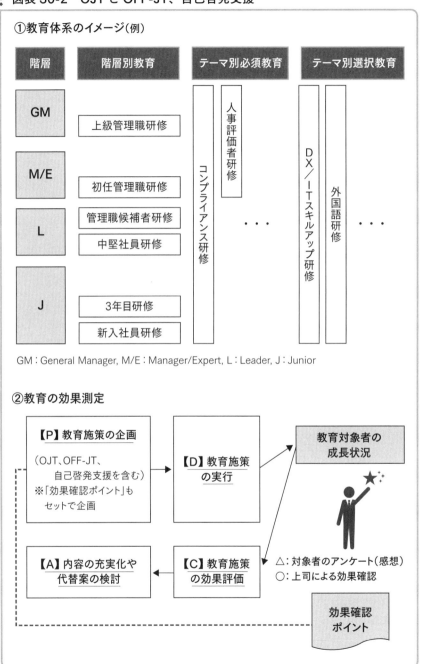

31 人材開発②

リスキリング

これまでとは異なる専門分野や事業分野等のスキルを新たに学ぶ

◆リスキリングとリカレントの違い

　ジョブ型の考え方が広まるに連れて、「リスキリング」という言葉を目にする機会が増えた。ここで、リスキリングの定義を確認したい（図表31①）。

　リスキリングとは、これまでのキャリアで習得したスキルから離れて、異なる専門分野や事業分野等のスキルを新たに学ぶことをいう。これまでのスキルの延長線上のスキルではないことが特徴で、スキルの置き換えや学び直しが必要となる。

　リスキリングと混同しやすい概念として「リカレント」がある。リカレントは、これまでのスキルの延長線上にあり、現在有しているスキルをより高度化したり、陳腐化を回避するために更新することをいう。

　一概にいうことはできないものの、リカレントへの取組みは比較的ハードルも低く学ぶべき方向性も理解しやすいが、リスキリングの場合は学ぶことや学ぶ手段を目的に合わせて適切に選択することが効果を得る上で非常に重要となる。

◆リスキリングの背景

　リスキリングが必要となる背景のうち、代表的なのは「事業の変化」「必要スキルの劇的な変化」「社会環境の変化」「キャリアチェンジ」の4つである（図表31②）。

　リスキリングは個人はもちろんのこと、組織にも求められている。また、総合職に代表されるメンバーシップ型の組織では、社内の複数の部署を経験しながら「自社に最適化されたスキルを幅広く習得」してキャリアアップしていることが多い。そのような組織や人材こそ、リスキリングの必要性が高まる時代といわれている。

　一方で、会社側もリスキリングを声高に叫ぶだけではなく、「何をどのようにリスキリングすべきなのか」「どのようなスキルが求められるのか」を明確にし、リスキリングのために必要な機会や手段を適切に提供することが求められる。

図31　リスキリング

①リカレントとリスキリングの区別

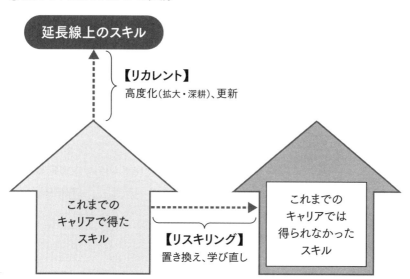

②リスキリングの背景（例）

背景	概要
事業の変化	前提となる事業が変化（異なる事業への進出等）することで、新たな事業固有のスキルが必要となる場合
必要スキルの劇的な変化	同一事業であっても、DXやリストラクチャリングによって、必要なスキルが劇的に変化する場合
社会環境の変化	「サステナビリティ」や「ダイバーシティ」等、従来とは異なる概念や常識に対応する必要がある場合
キャリアチェンジ	マネジメント職から専門職へ転換したり、これまでと異なるスキルを要する部署へ異動する場合（またはその準備をする場合） 異なるスキルを要する他社へ転職する場合

32 人材開発③

キャリア形成支援
社員のエンゲージメント向上や採用・定着にも影響する

◆キャリア形成に関する"常識"の変化

　ジョブ型の考え方が浸透しつつある中で、キャリア形成に関する"常識"も大きく変わってきたことの1つだ（図表32①）。

　総合職に代表される、従来のメンバーシップ型の社会（会社）においては、キャリア形成といえば「会社に委ねるもの」であり、（希望は出せるものの）決定権は会社にあった。例外はあるものの、同一社内で異動をしながら経験を蓄積し、社内ゼネラリストとして昇格・昇進し、管理職を目指すのが理想的なキャリア形成といわれてきた。上司や先輩がロールモデルであり、かつ、キャリア形成の支援者でもあった。

　一方で、近年では徐々にではあるものの本人にキャリアの選択権を与える企業が増えてきた。管理職だけでなく専門職としてのキャリア形成や、職種・勤務地を選択したり、社内公募制度で自ら職務を決めたりすることが認められるようになってきている。また、社外への転職もキャリア形成の有力な選択肢となりつつある。

◆これからのキャリア形成支援

　キャリア形成の選択肢が増えることによって、「会社がキャリアを作ってくれる時代」から、「社員のキャリアオーナーシップが一定程度必要な時代」に変化してきた。従来のロールモデルは機能しなくなり、自身にふさわしいキャリアを自ら考え、準備し、切り拓くことが求められる。

　図表32②のように、社員のキャリアの将来像や希望を踏まえ、可能性のある選択肢を提示し、その実現に向けたキャリア形成支援の取組みが注目されている。支援は人事部や上司・先輩が実施することもあるが、より客観的で幅広い視野を持った専門家（キャリアカウンセラーやキャリアコンサルタント）に相談することもできる。

　企業によっては、社内で専門家を確保しているケースもある。キャリア形成支援の取組み度合いは、社員のエンゲージメント向上につながりやすく、社員の採用・定着にも影響する時代になっている。

図表32 キャリア形成支援

①キャリア形成に関する"常識"の変化

区分	従来のメンバーシップ型	近年のトレンド
職務決定	●原則会社にあり	●本人の希望も一部考慮
勤務地・職務の範囲	●勤務地・職務非限定	●勤務地選択制度あり ●一部、職種別採用あり
キャリアパス	●ゼネラリストとしての成長 ●管理職としての昇格・昇進 ●社内完結型	●ゼネラリストとエキスパートの複線化 ●社内公募制 ●社外を含めたキャリアパス
エンゲージメント	●愛社精神中心	●職務が主で、会社が従

「会社がキャリアを作ってくれる時代」から、
「社員のキャリアオーナーシップが一定程度必要な時代」へ

②キャリア形成支援の枠組み

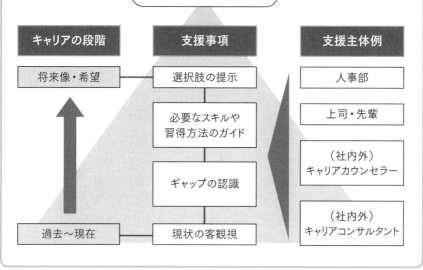

33 人材開発④

経営人材の育成（サクセッションプラン）
社長や経営幹部等の候補者を選抜・育成する一連の取組み

◆**サクセッションプランとは**

　企業では、研修をはじめとするOFF-JTやOJTなど、さまざまな人材育成策がなされており、これらは通常、全従業員共通の取組みである。

　一方、社長や経営幹部といった会社の重要ポジションについて、一定の基準で候補者を選抜し、計画的に配置、育成する一連の流れを「サクセッションプラン（後継者計画）」と呼ぶ。

◆**サクセッションプランの推進方法**

　サクセッションプランの推進に向けてはまず、①サクセッション対象となるポジションの人材要件、②候補者の選抜方法の2点を検討する。その上で、②で実際に選抜された候補者については、個別に育成計画を策定し、その状況を定期的にモニタリングする。

　人材要件では求められる能力、経験、実績などを定義するが、これらは、事業内容やそのポジションがどのような権限・機能を持つかによって異なる。

　候補者の選抜方法としては、対象範囲、評価方法とそのプロセス、候補者の入替方針の3点を定める（図表33①）。

　これらを経て選抜された優秀な従業員であっても、初めから人材要件を完璧に満たす人材はそうそういない。そこで、候補者の現状と人材要件のギャップ（強化すべき要素）を特定し、それを埋めるための育成計画を個別に策定する。その進捗は少なくとも年1回以上の頻度で確認し、育成計画の更新を行う。このプランニング→トレーニング→モニタリングというサイクルを回し続けることが、サクセッションプランである（図表33②）。

　サクセッションプランは会社の経営に多大な影響を及ぼすため、人事部の中だけで完結することはなく、専任の部署や委員会（指名委員会や人材開発委員会など）が設置されていることも多い。候補者の情報については取締役会などでも共有し、「経営人材の育成」というテーマについて、現任の経営層が主体的に考えを深めることが重要となる。人事部はこれらの関係者と連携をとりながら、一連の取組みの推進役となることが期待される。

図表33　経営人材の育成

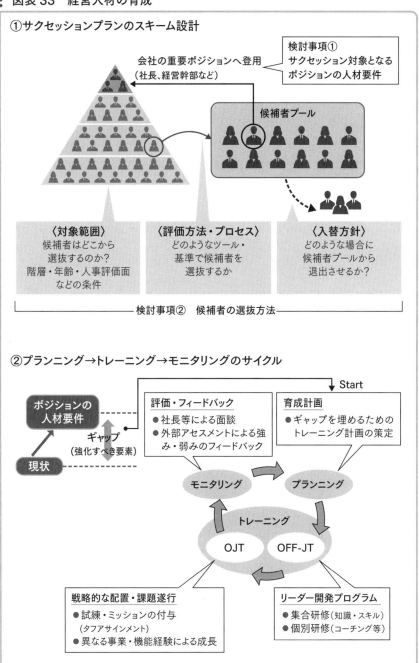

34 人材開発⑤

デジタル人材の育成

全役員・全社員を「デジタル人材」として育成する

◆すべての組織に必要となるデジタル人材の育成

　すべての組織にDX（デジタルトランスフォーメーション）が求められるなか、そのDXを推進するための人材の育成・確保は、人事部の重要な役割である。経済産業省は「デジタルガバナンス・コード3.0〜DX経営による企業価値向上に向けて〜」の中で、DX経営に求められる柱の1つとして「DX戦略の推進－デジタル人材の育成・確保」を掲げている（図表34①）。

　ここでいうデジタル人材とは、必ずしも、デジタル・データ等に関する高度なスキルを有する人材だけではない（図表34②）。これからのデジタル社会においては、すべての社員がデジタルに関するリテラシーを有する必要がある。また、一定程度デジタルに精通した人材を育成し、各組織に配置しておくことは、事業の推進に不可欠である。加えて、役員・管理職層においても、デジタルの知見が求められる。

　つまり、全役員・全社員が「デジタル人材」となる必要があり、その育成を担うのが人事部である。

◆デジタル人材の育成において人事部が果たすべき役割

　具体的な育成プログラムの検討に際しては、経済産業省が示す「デジタルスキル標準」が参考になる。これをもとに、①各社におけるDXの方向性、②DXを推進する人材に求められる役割、③業界特性上必要不可欠となるリテラシー等を踏まえ、必要となるスキルを選定し、そのスキルを育成するためのプログラムを検討することになる。

　ここで人事部が果たすべき役割は、育成プログラムの検討とともに、現存の人事諸制度や育成施策との整合性を確保することである。例えば、育成対象となる階層・職層は他の育成施策と比較して妥当か。任意受講とするか、必須受講とするか。集合型研修とするか、eラーニングにするか等の細部に及ぶ検討を行う。現存制度・施策との関係を整理することは社員へ過度な負担なくデジタル知識を習得する場を提供することになり、結果的に企業全体としてのDXが進むことになる。

図表 34　デジタル人材の育成

①「デジタルガバナンス・コード3.0」の概要

DX経営に求められる5つの柱

1	経営ビジョン・ビジネスモデルの策定

2	DX戦略の策定

3	DX戦略の推進 3-1. 組織づくり **3-2. デジタル人材の育成・確保** 3-3. ITシステム・サイバーセキュリティ

4	成果指標の設定・DX戦略の見直し

5	ステークホルダーとの対話

柱となる考え方

企業は、DX戦略の推進に必要なデジタル人材の育成・確保の方策を定める

取組み例

- 経営ビジョンと人材戦略を連動させ、DX戦略の推進に必要な人材に求めるスキルについて**デジタルスキル標準**を参照した上で明確化し、社員のスキル可視化の取組みが行われている
- 経営者を含めた役員や管理職のDXに対する意識を改革するとともに、**役員や管理職が積極的に社員のデジタル人材育成に関する取組みを推進している**
- 経営者をはじめとした**全社員のデジタルリテラシー向上**のため、デジタル技術を抵抗なく活用し、自らの業務を変革していくことを支援する、リスキリングやリカレント教育などの仕組みがある

経済産業省「デジタルガバナンス・コード3.0」をもとに著者作成

②デジタル人材の範囲と人事部主導で育成を行う部分

経営層・管理職

デジタル・データ等に関する 高度なスキルを有する人材	事業を推進するために デジタルに一定程度 精通した人材

全社員

太枠は人事部主導で育成を行う部分。「高度なスキルを有する人材」については、人事部が主導する場合もあるが、デジタル部門・IT部門等が主導することが多い

第4章　人事部の年間活動スケジュールと実務

35 処遇制度①

メンバーシップ型とジョブ型

「適材適所」のメンバーシップ型、「適所適材」のジョブ型

◆メンバーシップ型とジョブ型の定義

　雇用や人材マネジメントの代表的な考え方として、「メンバーシップ型」と「ジョブ型」の2つの概念がある（図表35-1①）。

　メンバーシップ型は組織の構成員である「人」に価値を置き、人の「成長」や構成員としての「影響力」を基軸とした概念である。人材と組織・職務の関係性は、「（保有）人材」を前提に「組織・職務」を最適化しようとする「適材適所」の考え方である。

　一方、ジョブ型は「職務」に価値を置き、その価値を基軸とした概念である。人材と組織・職務の関係性は、「組織・職務」のあるべき姿を前提に「ふさわしい人材」を定義し割り当てる「適所適材」の考え方である。

　従来の日本企業では、メンバーシップ型に基づく人材マネジメントが基本であり、ジョブ型は欧米企業の文化として一線を画して認識されてきた。

　しかし、近年では人的資本経営、グローバル化、ダイバーシティ推進、人件費コントロールおよび就業意識の変化等の観点から、ジョブ型の導入（部分的導入を含む）について真剣に議論されている。

◆人材マネジメントの違い

　メンバーシップ型とジョブ型では、人材マネジメントの各テーマでみてもスタンスが大きく変わってくる。そのうち、最も大きな違いはキャリアアップの考え方である。

　メンバーシップ型では、社内キャリアアップが前提となり、キャリアオーナーシップ（キャリアの決定権）が主として組織側に委ねられる。

　一方、ジョブ型では、社内キャリアアップにこだわらず、必要であれば会社は外部から人材を確保し、従業員も社外に活躍の場を求める。したがって、キャリアオーナーシップは従業員本人にも与えられる。

　キャリオーナーシップが組織にあるのか本人にあるのかの違いが、採用、配置・異動、格付け、評価、報酬、教育といったその他HRMテーマに対するスタンスの違いにもつながっている（図表35-1②）。

104

図表 35-1　メンバーシップ型とジョブ型

①メンバーシップ型とジョブ型の根本的な概念

メンバーシップ型

① 当社にはこのような人材が存在
② それぞれの人材は、このような能力を保有
③ 現状の人員構成（能力）に基づき最適配置

（保有）人材 → 組織・職務

ジョブ型

組織・職務 → 人材（確保）

① 当社にはこのような組織・職務が必要
② その組織・職務に必要な能力は○○
③ ○○の能力を有する人材を確保・配置

②メンバーシップ型とジョブ型の人材マネジメントの違い

	メンバーシップ型	ジョブ型
定義	・組織の構成員である「人」に価値を置き、人の「成長」や構成員としての「影響力」を基軸とした人材マネジメント	・「職務」に価値を置き、その価値を基軸とした人材マネジメント
キャリアアップ	・構成員としての社内キャリアアップ ・キャリアオーナーシップは主として組織側	・社内キャリアアップに限定せず ・キャリアオーナーシップは主として本人
採用	・構成員にふさわしい人材を採用	・当該職務（階層を含む）にふさわしい人材を採用
配置・異動	・可能なかぎり、内部人材を活用 ・組織の都合に応じた、柔軟な配置・異動（転居を伴う異動もあり）	・外部人材を含めて、適任者を確保 ・職務ベースの採用であり、組織の都合による配置・異動は困難
格付け	・構成員としての成長に合わせた段階的な昇格 ・職務だけではなく、能力や将来性も加味	・職務の変更に伴い自動的に昇格・降格 ・能力の高低にかかわらず、同一職務＝同一格付け
評価	・職務の達成度だけではなく、構成員としての適性を加味（バランス感覚や将来性等）	・職務の達成度を評価（昇格等は別途アセスメントで確認）
報酬	・職務以外の要素も加味することで、柔軟性ある人材マネジメントを担保	・職務とリンクさせるケースが主流
教育	・成長機会や教育機会は、人事部門が計画・付与	・自ら選択し、計画し、深耕

◆**メンバーシップ型の課題**

これまで日本企業にはメンバーシップ型が馴染むとされてきた。それが近年ではそのメンバーシップ型の課題が指摘されるようになってきている。

1980年代までは「事業・組織の拡大」「団塊世代を中心にした人口ボーナス（注：労働力人口が多い状態）」「新卒一括採用・男性中心・内部登用といった同質性」「長時間勤務を当然とする風土」等、メンバーシップ型のメリットを生かしやすい内外環境が整っていた。

一方で、現在は「企業の成長ステージの変化」「能力の加速度的進化と既存能力の陳腐化」「労働力人口の減少」「働き方改革による多様性の確保」といった背景もあり、内外環境は逆転し、メンバーシップ型の課題が一層目立つようになっている（図表35-2①）。

また、人的資本経営で求められているように「経営戦略と人材戦略の連動」を実現しようとすると、メンバーシップ型の「適材適所」よりも、ジョブ型の「適所適材」の考え方が説明しやすい。

◆**ジョブ型導入の障壁**

とはいえ、日本企業にジョブ型を導入しようとする場合の障壁も少なくない。例としてよく挙げられるのは欧米企業では認められている「解雇規制」であるが、実際にはそれだけではない（図表35-2②）。

特に、「当事者である経営者や社員のメンバーシップ意識」がジョブ型導入の障壁になるケースが多くみられる。

経営者の側でメンバーシップ型のHRMから切り替えができないと「制度は変わっても運用は変わらず」となってしまう。とりわけ、制度はジョブ型なのにキャリアオーナーシップは会社側が持ち続けようとするようなケースが目立つ。

従業員の側もメンバーシップ型の恩恵が受けられなくなると既得権の保障を求めたり、ジョブ型のデメリットを強く主張したりすることがある。

また、ジョブ型の定義である「適所適材」のためには、あるべき組織・職務設計が必須であるが、それらを省いてHRMだけをジョブ型化したとしてもジョブ型の真のメリットは期待できない。

図表 35-2　メンバーシップ型とジョブ型

①メンバーシップ型の課題

4つの主要背景	課題の概要
企業の成長ステージの変化	・拡大・成長期の企業では「企業の成長」と「構成員の成長」が比例しやすいが、成熟期以降はそれが成立しにくい
能力の加速度的進化と既存能力の陳腐化	・進化のスピードが速い場合、社内で時間をかけて育成する余裕がない。また、その効果も期待できない ・成長に必要な機会提供が自社では不可能な能力がある ・必要な能力がすぐに陳腐化することがある
労働力人口の減少	・いわゆる「ピラミッド型」の年齢別人員構成を維持できないと、メンバーシップ型の組織設計・運用に限界が生じる
働き方改革による多様性の確保	・多様な人材を活用したり、多様な貢献を認める上で、構成員としての同質性を重視する日本のメンバーシップ型は矛盾が多い（例：女性活躍、専門職採用、在宅勤務）

②日本企業におけるジョブ型導入にあたっての障壁（例）

障壁の代表例	イメージ
解雇規制	・ジョブとの相性がよくない場合、解雇ではなく、別のジョブを（会社が）アサインする必要がある ・人員増を避けるためには、代替人員を社内異動によって用意する必要がある
メンバーシップ型を前提とした社会ルール	・定年制度や社会保険等、メンバーシップ型を前提にした思想で構築されているルールが多い
新卒採用中心主義	・中途採用が増えてきたとはいえ、新卒採用に価値を見出している企業が多い ・ジョブではなく、「新卒×年目」という価値判断基準が色濃く残る
当事者である経営者や社員のメンバーシップ意識	・人事制度等がジョブ型に変わっても、昇格判断等で「経験不足や能力不足」を理由に議論したくなる意識が残る ・社員（若手を含む）の側にも「育成してもらう」「仕事を与えてもらう」という受動的な意識が根強く残る

36 処遇制度②

職能資格制度
職務遂行能力で従業員の格付けや処遇を決める「人基準」の制度

◆職能資格制度とは

　職能資格制度とは、メンバーシップ型人事制度の代表例であり、「職務遂行能力（職能）」に基づき従業員の格付けや処遇を決定する「人基準」の制度である（図表36-1①）。

　職能資格制度の基軸は「資格等級」である。資格等級は会社が期待する職務遂行能力をその発展段階に応じて、8～10段階程度に区分したものである。職務遂行能力は異動や役職登用等、さまざまな職務を経験することで高まるとされ、職務遂行能力の高まりとともに昇格（資格等級が上がること）する。昇格基準は「現資格等級に求められる要素の習得」を要件とする「卒業要件」の考え方が前提とされる。

　役職と資格等級の関係付けにあたっては、多くの場合、1つの資格等級に複数の役職を対応させる。資格等級が昇格した後に、昇進（役職が上がること）するのが一般的であり、「その職務遂行能力を発揮するのにふさわしい役職に登用する」という考え方に基づく。

◆職能資格制度の人事評価制度

　職能資格制度の人事評価では、職務遂行能力の発揮状況や保有状況を「成績」「勤務態度（情意）」「能力」の評価分野で判定する（図表36-1②）。

　「成績」は「職務遂行による結果」、「勤務態度（情意）」は「プロセスにおける努力度合いの結果」、「能力」は「成績を生み出す要因」を判定する評価分野であり、それぞれ複数の評価項目が該当する。特徴的なのは、それぞれの評価項目が「どんな仕事にも適用可能なゼネラリスト的な要素」を重視している点だ。これはさまざまな職務をバランスよく経験することを前提としたメンバーシップ型のキャリアを前提としたものだといえる。

　人事評価結果は処遇に反映する。賞与の決定にあたっては、「成績」や「勤務態度（情意）」を反映し、基本給や昇格等、職能資格制度の基軸に関わる事項の決定には、「成績」「勤務態度（情意）」「能力」の職務遂行能力を総合的に反映するのが一般的である。

図表 36-1　職能資格制度

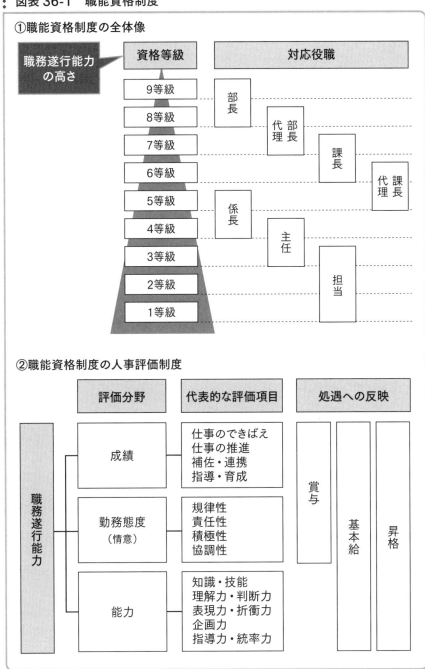

◆職能資格制度の基本給

職能資格制度の月給は基本給（以下、「職能給」）、役職手当、その他諸手当で構成される（図表36-2）。

このうち、最も大きなウェイトを占めるのは職能給である。職能資格制度の職能給の特徴は、「レンジレート」と「習熟昇給型の定期昇給」である。

職能給は「高資格等級＝高職能給」とするのが通常だが、資格等級別の一律金額ではなく、下限から上限の幅を設けて設計する。これを「レンジレート」という。資格等級間でレンジレートの重複が少ない（または重複がない）ほど、昇格インセンティブも期待できる。

レンジレートの範囲内においては、職務遂行能力の高まり（人事評価結果）や経験年数（資格等級在籍期間）に応じた定期昇給を実施する。定期昇給は毎年積上げ型（前年の職能給に加算）で実施するので、当該資格等級在籍年数が長い従業員ほどレンジレートの上限に近い職能給となる傾向がある。同じ資格等級であっても「初心者とベテランでは習熟度に差があり、それを職能給でも反映すべき」という考え方が、「習熟昇給型の定期昇給」といわれるゆえんである。

◆職能資格制度の役職手当

役職手当は、役職ごとの職責や負担に応じて設定される。「高役職＝高役職手当」とし、役職ごとに一律金額で設定・支給されるのが一般的である。

職能資格制度では1つの資格等級に複数の役職が対応する。例として、図表36-1①（109ページ）の4等級には係長と主任の2つの役職が対応している。その際、役職手当がないと、同じ資格等級であれば係長も主任も同じ月給となり、納得性が担保できなくなる。それを補うために職能資格制度では役職手当が必要となる。

◆職能資格制度の課題

近年では従来の職能資格制度を改革したり、廃止したりする企業が増加している。背景としては、「経験重視の弊害」「年功化しやすいこと」があり、さらにはジョブ型の概念の浸透がある。

資格等級の昇格運用が経験重視であることで、昇格に一定の年数を要する。これが、有能な若手の早期抜擢を妨げることがある。また、技術やス

キルの変化のスピードが著しい近年では能力の陳腐化が目立つようになり、職能資格制度の卒業要件の考え方がマッチしなくなってきている。

運用が年功化しやすいのは、経験重視に加えて、人事評価制度もバランス重視のゼネラリスト的な要素であり、差がつきにくいことが要因に挙げられる。賃金制度において、職能給に「習熟昇給型の定期昇給」が存在するのもポイントだ。結果として、年齢や年数に強く影響された運用となっているケースを多くみかける（図表36-3）。

職能資格制度は、「従業員の職務遂行能力」＝「人基準」で設計・運用されており、ジョブ型の「仕事基準」とは概念が相反する。職能資格制度の課題は、メンバーシップ型の課題と言い換えることもできる。

図表 36-2　職能資格制度の賃金制度

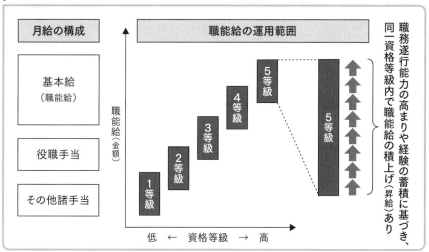

図表 36-3　職能資格制度の代表的な課題

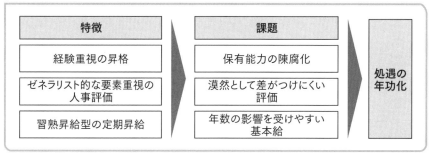

37 処遇制度③

職務等級制度
職務価値に基づき従業員の格付けや処遇を決定する制度

◆職務等級制度とは

　職務等級制度とは、ジョブ型人事制度の代表例であり、「職務価値」に基づき従業員の格付けや処遇を決定する制度である（図表37-1①）。

　職務等級制度の基軸は「職務等級」である。職務等級は、従業員が従事する職務そのものの価値の大きさで決定する。職能資格制度が「人基準」であるのに対して、職務等級制度は「仕事基準」の人事制度である。職務等級への格付けにあたっては、従業員本人の職務遂行能力の大小にかかわらず、実際に担っている職務に基づき実施する。そのため、人が成長したとしても、職務が変わらなければ、職務等級が昇格することもない。

　現状、職務等級ごとの職務価値の決定方法は、各社さまざまなバリエーションがある。各職務を評価してその合計点に応じて職務等級を決定する「点数絶対評価方式」や、社内の役職や職務を相互に比較しながら格付けする「相対評価方式」が代表例であり、各社で独自の工夫が見られる。

◆職務等級の格付けプロセス

　各人の職務等級は、採用、配置・異動、昇進・降職等、職務の変更がある場合に見直される。まず、「職務記述書（ジョブディスクリプション）」で職務を定義し、その内容をもとに職務価値を評価する（図表37-1②）。

　職務価値は、大きく「規模」「重要性」「難易度」の観点で評価する。評価の判定にあたっては「比較対象」と「評価基準」が重要になる（図表37-2①）。「比較対象」は職務価値を世間と比べるのか（市場価値）、社内で比べるのか（社内価値）の違いがあり、「評価基準」はありのままの価値か（絶対評価）、比較した順位か（相対評価）の違いがある。欧米と比べて職務ごとの労働市場が未成熟な日本企業では、「比較対象は社内価値、評価基準は相対評価」で職務等級を格付けするのが主流である。

　ただし、外資系企業、グローバル化した大企業、さらには労働市場が形成された専門職種においては、「市場価値に基づく絶対評価」で職務等級を格付けしているケースも見受けられる。

図表 37-1 職務等級制度

①職務等級制度の全体像

職務等級	職務価値(例) 点数絶対評価方式	相対評価方式
G9	1,300 ～	部長上位
G8	1,200 ～ 1,299	部長標準、同程度の専門職
G7	1,100 ～ 1,199	部長下位、課長上位、同程度の専門職
G6	1,000 ～ 1,099	課長標準、同程度の専門職
G5	900 ～ 999	課長下位、同程度の専門職
G4	800 ～ 999	期待貢献レベルが上位1割以内の担当
G3	600 ～ 799	期待貢献レベルが上位3割以内の担当
G2	400 ～ 599	期待貢献レベルが上位6割以内の担当
G1	～ 399	期待貢献レベルが上位6割未満の担当

②職務等級への格付けプロセス

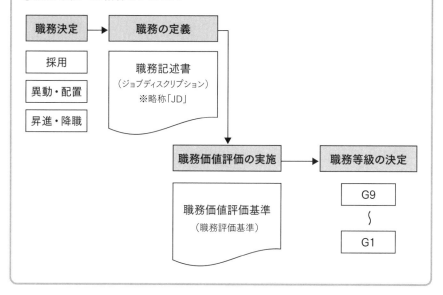

◆職務価値とパフォーマンスの関係

　職務等級は職務価値によって格付けされるが、それを担う人によってパフォーマンスに差が生じ得る。パフォーマンスは人事評価で把握する。

　職務等級制度の人事評価の観点は、「職務記述書で定義された職務を果たしたか否か」「どの程度の水準で果たしたか」とシンプルだ。

　職能資格制度のように、「プロセスにおける努力の度合い」や「成績の要因となる能力の発揮状況」を問う必要性は乏しい。むしろ、「職務記述書」の作成段階で、期待する成果やパフォーマンスの測定尺度をしっかりと計画しておくことが非常に重要である。

　パフォーマンスが決まると、「職務価値×パフォーマンス」で、その従業員の実績を認識できる。

　「高職務価値で高パフォーマンス」なほど高実績となり、その度合いが処遇に反映される（図表37-2②）。

◆職務等級制度の賃金制度

　職務等級制度の基本給（職務給）の基準額は、能力等の属人的な要素ではなく、原則として職務等級ごとに決まる。基準額は、「高職務等級＝高職務給」で設計する（図表37-2③）。

　実際に支給する際には、パフォーマンスも反映する。職務記述書で計画されたパフォーマンスどおり（100％達成）の場合を基準額±0円として、各人のパフォーマンスに応じた加減算が適用される。

　なお、パフォーマンス次第では、上位職務等級の職務給を超えたり、反対に下位職務等級の職務給を下回ったりすることもあり得る。

　また、職能資格制度の基本給（職能給）と異なり、定期昇給を行う場合には、「（等級変更するほどではない程度の）職務拡大」や「業績インセンティブ」等を反映するものが多い。各等級のレンジレートは、グローバル企業であれば職務の市場価値等に基づき柔軟に運用することもあるが、日本企業で多いのは等級間の重複を避けるパターンである。

　ちなみに、職務等級制度では賞与の支給を当然視しない企業もある。そのような企業では、通常の職務価値やパフォーマンスにふさわしい賃金の支給は月給で完結させている。

　当初の計画を超えるパフォーマンスや、想定外の職務を担った場合に賞与を支給することもあるが、支給の保障はしないのが特徴である。

図表 37-2　職務等級制度

①職務価値評価基準（職務評価基準）

職務価値評価の要素（例）	
規模	…業績規模、人数規模、所管組織数、所管業務数　等
重要性	…将来性、経営方針との関連性、他組織への影響度　等
難易度	…問題解決の難しさ、専門性、多様性、不確実性　等

職務価値評価の判定方法	
比較対象	…市場価値、社内価値
評価基準	…絶対評価、相対評価

②職務価値とパフォーマンスの関係性

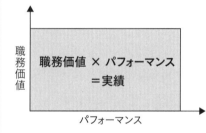

- ●職務価値…職務価値評価等で把握
  - ・当該職務そのものの価値（期待値に照らしてパフォーマンスが100％であった場合の価値）
  - ・属人的要素に左右されない
- ●パフォーマンス…人事評価で把握
  - ・当該職務の期待値に照らした達成度
  - ・属人的要素等に左右されることがある

③職務等級制度の賃金制度

月給の構成	職務等級	職務給（例）	
		基準額（パフォーマンス100％時）	パフォーマンスによる変動幅
基本給（職務給）	…	…	…
	G7	600,000円～	－50,000円～＋100,000円
	G6	550,000円～	－50,000円～　＋80,000円
	G5	520,000円～	－30,000円～　＋60,000円
その他諸手当	…	…	…

※職務等級制度では、通常役職手当は設定せず、職務給に統合する

38 処遇制度④

役割等級制度
従業員が担う役割の大きさに基づき、格付けや処遇を決定する制度

◆役割等級制度とは

　役割等級制度とは、「役割」に基づき、従業員の格付けや処遇を決定する制度である（図表38-1①）。

　役割等級制度の基軸は「役割等級」である。役割等級は、従業員が担う役割の大きさで決定する。職務等級制度と同様に、役割等級制度は「仕事基準」の人事制度である。

　通常、組織における役割分担は「役職」に連動するため、役割等級の格付けは役職で判断することが多い。同じ役職呼称であっても、部署の違いや規模の大小等で格付ける役割等級を区別することもある。

　もちろん、仕事基準なので、人が成長したとしても、役割が変わらなければ、役割等級が昇格することもない。

◆役割等級制度の導入意義

　役割等級制度は、「日本的ジョブ型人事制度」と呼ばれることもある。その理由は、「役割」と「職務」の概念の違いにある（図表38-1②）。

　役割のほうが職務よりも抽象度が高く、解釈の柔軟性があるのが特徴だ。

　役割は「その仕事の目的」を表すのに対して、職務は「その職務自体」を指す。

　組織・業務設計時に個人の担当職務を厳密に定義しないと、職務等級制度の導入・運用は難しい。多くの日本企業にとって、この点が大きなハードルになる。

　一方で、役割等級制度における役割は「仕事の目的に関係するものは本人が対応すべき役割に含まれる」と解釈できるので、職務等級制度ほど厳密に職務を定義しなくても、スムーズに導入・運用できる。

　そのため、メンバーシップ型から徐々にジョブ型への転換を図ろうとする企業にとっては、採用しやすい人事制度といえる。

図表 38-1　役割等級制度

①役割等級制度の全体像

役割等級	役割の大きさ	該当役職(例)
M5	統括部長級	大規模拠点長、企画系部門の部長
M4	部長級	標準的な拠点長、標準的な部長
M3	次長級	各拠点次長、各部副部長、専任部長
M2	課長級	各課課長
M1	課長補佐級	各課課長補佐級、専任課長
S4	係長級	係長、プロジェクトリーダー
S3	主任級	主任、班長
S2	担当級	担当
S1	準担当級	準担当(入社3年以内)

②「役割」と「職務」の違い

役割	職務
その仕事の目的	**その職務自体**
● 仕事の目的(=役割)の大きさに基づき処遇する ● 仕事の目的に関係するものは、本人が対応すべき役割に含まれる	● 職務自体の価値に基づき処遇する ● 職務記述書(JD)の記載事項等、あらかじめ職務範囲を明示する

概念が広いため、メンバーシップ型からの移行がしやすい	概念が狭く、メンバーシップ型と根本的な違いが発生する

◆役割等級制度の人事評価制度

役割等級制度の人事評価制度は、職能資格制度と比べて「役割達成度」にフォーカスされる。当該役割等級が実現すべき役割のうち、重要度が高いものを5〜10程度想定したものが、人事評価項目とほぼイコールとなる（図表38-2①）。役割には結果（成果）だけでなく、プロセスで果たすべきものも含まれる。

したがって、役割等級制度の人事評価項目は階層や職種（営業職、開発職、生産職、事務職等）によって異なる項目とすることが多い。

もちろん、仕事基準なので、「プロセスにおける努力の度合い」や「成績の要因となる能力の発揮状況」を問うことはない。あくまでも「役割を果たしたか否か」の観点で評価するのが基本である。

◆役割等級制度の賃金制度

役割等級制度の基本給（役割給）の基準額は、能力等の属人的な要素ではなく、原則として役割等級ごとに決まる。基準額は、「高役割等級＝高役割給」で設計する（図表38-2②）。

役割達成度も反映して、役割給を変動させる例もある。その場合は、期待どおりの役割達成度（100％達成）の場合を基準額±0円として、各人の達成度に応じた加減算が適用される。なお、加減算の程度は職務等級制度における職務給のそれよりも小さいことが多い。

また、職能資格制度の基本給（職能給）と異なり、定期昇給を行う場合には、等級変更するほどではない程度の「役割拡大」「役割の高度化」「所管部署の拡大」等を反映することが多い。各等級のレンジレートは、グローバル企業であれば市場価値等に基づき柔軟に運用することもあるが、日本企業で多いのは等級間の重複を避けるパターンである。

ちなみに、役割等級制度を導入している企業では、メンバーシップ型と同様に賞与も支給する。職能資格制度と異なるのは、賞与の算定基礎を月給と切り離して一層役割の違いを鮮明化させたり、役割達成度に基づくメリハリを大きくする点にある。

図表 38-2　役割等級制度

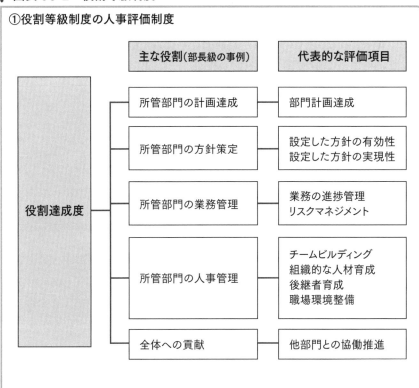

39 処遇制度⑤

コース別人事管理の設計と運用
キャリアパスをコースに区分し最適化を図る人材マネジメント

◆コース別人事管理の種類

　ジョブ型への転換やキャリアパスの多様化等のニーズを背景に、従業員を「総合職」という1つの枠内で管理するのが難しくなってきた。それに対応するため、コース別人事管理を導入する企業が増えてきた。期待内容の異なるキャリアパスをそれぞれ「コース」として区分し、コースごとに人材マネジメントを最適化しようとする仕組みである。

　コース別人事管理を支える人事制度として代表的なのは、「複線型人事制度」と「職種別人事制度」である（図表39①）。

　複線型人事制度の典型例は、キャリアパスをマネジメントコースとエキスパートコースに分ける仕組みである。マネジメントコースは従来型の管理者としてのステップアップ、エキスパートコースは専門性の高さ等、管理者とは異なる形でのステップアップを可能とするコースである。

　職種別人事制度は、職種ごとにコースを設け、職種別にキャリアアップさせることを前提とした仕組みである。職種別人事制度では、採用段階から職種別に実施したり、賃金水準を職種別とすることで、職種ごとの特性に応じた人材マネジメントが可能となる。

◆コース別人事管理の留意点

　コース別人事管理を導入する際には、そのメリット・デメリットにも留意しておく必要がある（図表39②）。

　コース別人事管理であれば、従来の「総合職」の体系ではキャリアアップが難しかった専門志向の人材に日の目を当てることができる。一方で、昇格基準が曖昧だと、管理職として出世できない場合の抜け道となり、結果として年功の温床と化すおそれがある。また、管理職への昇進を望まない従業員が多い組織では、その傾向が一層加速する可能性もある。

　従業員に対してどのようなキャリアアップを期待するのか、どのような従業員が増えてほしいのか、期待する効果やその優先順位を検討した上でコース別人事管理の導入を検討すべきである。

120

図表39　コース別人事管理の設計と運用

①コース別人事管理の類型

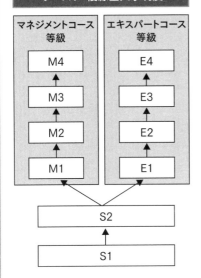

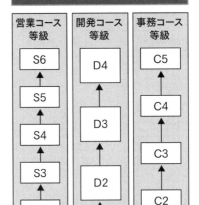

②コース別人事管理のメリット・デメリット

メリットの代表例

【採用競争力】
専門性や職種にふさわしい賃金水準を提示可能となる

【ジョブ型的要素の強化】
役職の高低だけでなく、高職務価値のジョブに対する処遇の適正化が可能となる

【モチベーション】
エキスパートとしての継続的な成長・定着・活躍を促進しやすくなる

【円滑な職位登用】
適任者の早期職位登用や若手抜擢の観点で、役職者との交代がスムーズに実施できる

デメリットの代表例

【年功的な処遇】
各コース内での昇格基準が曖昧だと、温情昇格に陥りやすくなる

【管理職昇進の魅力の低下】
専門職志向の社員が増えると、管理職としてキャリアアップする次世代候補者を確保しにくくなる
同時に、現任管理職から不満が出ることもある

【人件費】
複線型人事制度を導入すると、人件費が増加しやすい

40 処遇制度⑥

昇格・降格、昇進・降職
最近では降格・降職の基準を設ける企業も増えている

◆**昇格・降格、昇進・降職の定義**

　一般的に昇格は等級が上がること、降格は等級が下がることを指す。また、昇進は役職が上がること、降職は役職が下がることを指す。

　職能資格制度のように、資格等級と役職を別々に管理する人事制度の場合には、昇格と昇進、降格と降職は別々に発生する。

　一方で、役割等級制度に代表されるように、役職と等級が一体化するような人事制度の場合には、「昇格＝昇進」であり、「降格＝降職」である。

◆**昇格や昇進の基準**

　昇格や昇進にあたっては、一定の基準を設定することが多い。

　まず、昇格基準や昇進基準の種類として多いのは、「能力基準」「職務・役割基準」「人事評価基準」の３種類である（図表40①）。それらに照らして、候補者を選定し、昇格審査を実施する。その他に掲げた項目を含めて複数の基準を組み合わせることもある。なお、以前は「上司推薦」を重視する企業も多かったが、最近では参考程度とする企業が増えている。

　また、昇格基準や昇進基準への適合判断にあたっては、「入学要件」と「卒業要件」の２種類の考え方がある（図表40②）。

　入学要件では、上位等級・役職に求められる要素を、昇格・昇進前に身につけ、即戦力として活躍することが求められる。

　卒業要件は、昇格・昇進前の等級・役職で学ぶべきことを修了すると、現等級・役職を卒業する形で上位に昇格・昇進する。昇格・昇格後は新たな等級・役職で求められる要素を習得することになる。

　ジョブ型人事制度では「入学要件」がマッチしやすく、メンバーシップ型人事制度では「卒業要件」がマッチしやすい傾向があるといわれている。

◆**降格や降職の基準**

　最近では降格・降職の基準を設ける企業も増えている。最も多いのは「人事評価基準」であり、評価不芳が複数年続くと降格・降職の対象とす

る。ただし、降格・降職については基準に該当しても、昇格・昇進よりも慎重に審査し、「真にやむを得ないと判断された場合」に限定する企業も多い。

図表40　昇格基準や昇進基準の種類

①昇格基準や昇進基準の種類

能力基準

- ●必要な知識・技能・スキルの保有
- ●必要な公的資格や社内検定の合格

職務・役割基準

- ●実際に担当する職務レベル
- ●実際に担う職責・役割の大きさ

人事評価基準

- ●直近の人事評価結果
- ●過去の人事評価結果の蓄積
  （昇格ポイント累積方式）

その他

- ●経験年数や年齢
- ●定められた職務経験（異動歴）
- ●上司推薦
- ●面接・論文・プレゼンテーション

②入学要件と卒業要件

入学要件

上位等級や上位役職に求められる要素を、昇格・昇進前に満たすこと
（上位等級・上位役職の入学試験に合格）

ジョブ型人事制度

〔判定方法〕
- ●職務・役割基準
- ●アセスメント

卒業要件

現等級や現役職に求められる要素を、昇格・昇進前に満たすこと
（現等級・現役職の期待を卒業）

メンバーシップ型人事制度

〔判定方法〕
- ●能力基準（定められたメニューの習得）
- ●経験年数
- ●現等級・現役職での人事評価基準

41 人事評価①

人事評価制度の目的と体系

人事評価本来の目的——人材育成、人材活用、公正処遇

◆人事評価制度の目的

　企業が持続的に発展するためには、従業員それぞれがパフォーマンスを発揮し、成長を続けることが不可欠である。その推進役となる管理職（課長・部長など）には、「人を通じて、会社の理念や目標とする成果を達成すること」、すなわちマネジメントが求められるが、これを支える仕組みの1つが人事評価制度である。

　「会社や部署が目指す姿」と「現状」の間にギャップがある場合、そのギャップを効果的に埋めるための計画を立て（Plan）、確実に遂行し（Do）、その結果を検証する（See）というPDSサイクルが重要となる。人事評価制度はこのPDSサイクルを回すための手段であり、従業員それぞれの目標や役割を明確にした上で、日々の業務を遂行し、その成果やプロセスを評価して次に活かすことで、会社・組織としての成果を発揮することが期待される（図表41①上段）。

　人事評価結果は「賃金査定」のためのものと捉えられがちだが、本来の目的はそれだけではなく、①人材育成、②人材活用、③公正処遇の3つに大別される（図表41①下段）。

◆人事評価の体系

　人事評価の体系は会社によりさまざまだが、その代表例は、期中の「成果」と「プロセス」の両面を評価する方法である（図表41②）。成果評価では、業績目標の達成度や組織の課題解決に向けた活動実績を評価する。

　一方、プロセス評価では、成果に至るまでの過程で必要とされるコンピテンシー（優れた成果を創出する個人の能力・行動特性）の発現度合いを評価する。

　人事評価制度を設計する際は、これらの評価方法や具体的な評価基準、最終的な評価ランクの決定方法（SABCDなど）が主な検討事項となる。

　なお、これらは全社的に統一とする部分もあれば、事業や職種によって期待される成果やプロセスが異なる場合は、複数のパターンで設計する部分も必要となる。

図表41 人事評価の目的と体系

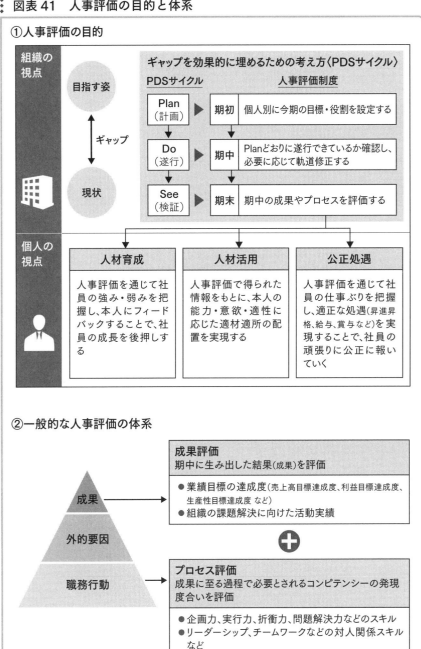

42 人事評価②

成果評価とプロセス評価
達成すべきゴールと、発揮すべき能力・行動を可視化する方法

◆**成果を評価する方法と評価基準**

業績目標の達成度や、組織の課題解決に向けた活動実績を評価する「成果評価」の代表的な手法は、①MBO型（目標管理制度）、②レベル判定型の2つに大別できる。

MBO型は期初に定めた個人別目標の達成度を評価する方法であり、業務上の取組みや課題が幅広い階層・職種の成果を評価する際に有効である（図表42①）。個人別目標は、全社的な組織目標をブレイクダウンする形で、本人と直属上司が面談しながら決定する。目標は、売上や利益など定量的なものもあれば、定量的に示すことが難しいものなどは「どのような状態をゴールとするか」という観点で設定する場合もある。

一方、上司の指示のもとで着実な仕事が求められる若年層では、個人別目標は設定せず、レベル判定型を用いる場合がある。レベル判定型では、「業務量」や「業務の正確さ」など、仕事の成果をあらかじめいくつかの項目に分類し、会社として期待するレベルを一律で定める。期中の業務遂行状況を踏まえて、上司が該当するレベルを期末に判定する（図表42②）。

◆**プロセスを評価する方法と評価基準**

プロセス評価では、成果に至るまでの過程で必要とされるコンピテンシー（優れた成果を創出する個人の能力・行動特性）の発現度を評価する。コンピテンシーは画一的なものではなく、事業や職種によって少しずつ異なるため、制度設計の際には社内の有識者にインタビューなどを行い、体系化することが多い。一般的な項目としては、「創造的思考力」「問題解決力」「リーダーシップ」などが挙げられる。

それぞれの項目について、階層ごとにどのような行動が求められるのかをあらかじめ明文化した上で、期中の業務遂行状況を踏まえて、それらの行動の発現度合いを評価する（図表42③）。これは人事評価の基準であると同時に、評価者である上司にとっては「部下育成の指針」であり、部下本人にとっては「キャリアアップの指針」ともいえる。

図表 42　成果評価とプロセス評価

①成果評価［MBO型］のイメージ

	業務 （何を）	目標値・達成水準 （どのレベルまで）	結果 （金額・達成率・件数等）	難易度	ウェイト	評価 自己	評価 一次	評価 二次	難易度×ウェイト ×二次評価
目標①									
目標②									

点数	評価基準
120	「目標とする数値・状態」を大幅に超えて大きな成果を上げた
110	「目標とする数値・状態」を超えて達成できた
100	「目標とする数値・状態」の通りに達成できた
90	「目標とする数値・状態」にはやや届かなかった（達成できなかった）
80	「目標とする数値・状態」には大幅に届かなかった（または未着手）

②成果評価［レベル判定型］のイメージ

評価項目	点数	評価基準	ウェイト	評価 自己	評価 一次	評価 二次	ウェイト× 二次評価
仕事の 正確さ	110	与えられた仕事に対して、ミスやトラブルを起こすことはなく、いつも依頼者の期待を上回り、模範となるレベルだった	40%				
	100	与えられた仕事に対して、ミスやトラブルを起こすことはほとんどなく、問題のないレベルだった					
	90	与えられた仕事に対して、ミスやトラブルが時々あり、周囲のサポートや指導が必要なレベルだった					
仕事の量	110	部門の繁閑状況に基づく上位者の期待値や周囲の同僚社員と比べると、明らかに多くの仕事量を実際に遂行した	40%				

③プロセス評価のイメージ

評価項目	等級別の期待水準 （評価の着眼点）	ウェイト	評価 自己	評価 一次	評価 二次	ウェイト× 二次評価
企画力	・課の単年度目標・計画について、実状に沿った実現可能な内容を策定することができる ・課の目標達成に向けて、部下が取り組むべき事項やその実施計画を作成している	10%				
調整・ 交渉力	・他部門や取引先等が関わる複雑な課題に対し、責任者クラスと調整を行うことができる ・双方が納得するような具体的な解決策を見つけ出し、実行に移すことができる	10%				
協調性・ チームワーク	・自らの意見や考えに固執せず、常にオープンな姿勢を持ち、周囲と協調して取り組んでいる ・会社全体で取り組む事項には、自ら前向きな姿勢で連帯意識を持って参加している	5%				

点数	評価基準
120	上記の期待水準を明らかに上回り、周辺部署にも良い影響を与えている
110	上記の期待水準を上回り、自部署の模範となっている
100	上記の期待水準を満たした
80	上記の期待水準には達しておらず、上司の補助・指導を要する
60	上記の期待水準には明らかに足らず、上司の補助・指導を大幅に要する

43 人事評価③

評価ランクと処遇反映

人事評価の結果を、昇格・昇給・賞与に反映する方法

◆評価ランクの決定方法

　人事評価結果は、最終的にはＡやＢなどの評価ランクとして決定され、昇進・昇格、給与や賞与などの処遇に反映される。これが、人事評価の目的の１つの公正処遇である（［41 人事評価① 人事評価制度の目的と体系］参照）。

　評価ランクの数は会社によるが、一般的には５段階とする場合が多く、より細かく処遇差をつけたい場合は７段階程度とする場合もある。

　評価ランクを決定するための基準には、「絶対評価」と「相対評価」の２つがある（図表43①）。絶対評価では「110点以上がＳランク、100点以上がＡランク」など点数を基準とし、評価ランクの人数制限は設けない。これは評価点と評価ランクの関係が毎年一定でわかりやすいメリットがある反面、給与や賞与など原資に制限がある場合にはデメリットも大きい。

　したがって、給与や賞与に反映する場合は、「全体の上位10％までの点数をＳランク、上位11〜25％の点数をＡランク」などのように、比率を基準とした相対評価とすることが一般的である。

◆成果評価・プロセス評価と、評価ランクの関係

　人事評価を①成果評価と②プロセス評価の両面で実施する会社の場合（［42 人事評価② 成果評価とプロセス評価］参照）、それぞれの結果をどのように評価ランクに結び付けるか、あらかじめルール化しておく（図表43②）。

　①と②をいずれも100点満点とした場合、最もシンプルなのは①：②＝１：１、すなわち50点ずつに換算する方法である。

　しかし、評価の反映先である昇進・昇格、昇給や賞与それぞれの特性を踏まえて、①と②の比率を一定としないケースもある。例えば、昇給や賞与の源泉が業績（成果）であることを鑑みれば、成果評価をより重視した比率（①：②＝7:3など）にすることは合理的である。

　また、管理職層は一般職層と比べて成果の発揮がより重要となることなどを考慮し、評価対象者の階層によって、①と②の比率を変えることも一般的である。

図表43 評価ランクと処遇反映

①評価ランクの決定方法

絶対評価の考え方

評価ランク	総合評価点の目安 （成果評価＋プロセス評価）
S	110点以上
A	100点以上110点未満
B	85点以上100点未満
C	70点以上85点未満
D	70点未満

相対評価の考え方

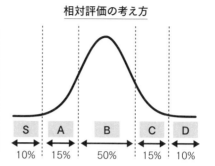

②成果評価・プロセス評価と評価ランクの関係

業績評価の点数 ✕ 成果評価とプロセス評価それぞれの重みづけ（ウェイト） ＝ 総合評価点 ➡ 絶対評価または相対評価で評価ランクを決定

プロセス評価の点数 ✕

昇格に反映する評価（成果軽め）

	1等級	2等級	3等級	4等級	5等級	…
成果評価	20%	30%	40%	50%	60%	…
プロセス評価	80%	70%	60%	50%	40%	…
合計	100%	100%	100%	100%	100%	…

昇給・賞与に反映する評価（成果重め）

	1等級	2等級	3等級	4等級	5等級	…
成果評価	30%	40%	50%	60%	70%	…
プロセス評価	70%	60%	50%	40%	30%	…
合計	100%	100%	100%	100%	100%	…

44 人事評価④

人事評価の運用フロー
目標設定→上期の進捗管理と評価→下期の進捗管理と評価

◆**人事評価制度の年間スケジュール**

　人事評価制度の年間スケジュールを考える際、その出発点は、「通期評価、半期評価のいずれとするか」である。通期評価では、期中の状況を確認する目的で中間面談などは行うものの、評価を行うのは1年に1回となる。半期評価は、上期と下期で評価期間を区切り、それぞれで評価を行う。

　3月決算で半期評価を行う会社を例にした場合、4月から9月までを対象とする上期評価は10月に行われ、10月から翌年3月までを対象とする下期評価は年度末に行う（図表44①）。ただし、評価対象とする業績や成果が確定していない場合も多いため、3月中旬時点の業績で「みなし評価」を行う場合や、確定後の業績を基準に4月に評価を行う場合もある。

　処遇反映との関係でみれば、上期評価は同年の冬季賞与、下期評価は翌事業年度の夏季賞与に反映することが一般的である。昇格や昇給には上期と下期の双方の評価を反映することが多いが、直近の下期評価を用いる場合は手続きの関係上、昇格や昇給は7月頃に行うことが一般的である。

◆**期初から期末までの流れ**

　期初から期末まで、評価者および評価対象者本人が実施すべき事項は、「目標設定」「上期中の進捗管理」「上期評価の実施」「下期中の進捗管理」「下期評価の実施」の5つに大別できる（図表44②）。

　「成果」と「プロセス」の両面を評価する場合、目標設定では、上司が部下に期待する目標やコンピテンシー（［42 人事評価② 成果評価とプロセス評価］参照）を伝え、お互いに認識を合わせることが重要となる。上期評価では、9月までの状況を評価した上で、残り半年間でどのような取組みを行うかを改めて確認し、下期評価で年度末時点での評価を行う流れとなる。

　また、期初に設定した目標を確実に達成するためには、期中にその進捗状況を把握し、必要に応じて軌道修正することが不可欠である。したがって、上期中および下期中の進捗管理では、1on1ミーティングなど、日常的な上司と部下双方向のコミュニケーションが重要となる。

図表44 人事評価の運用フロー

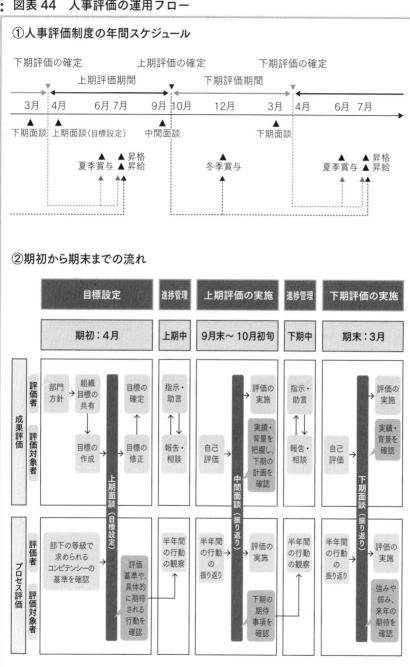

第4章　人事部の年間活動スケジュールと実務

45 人事評価⑤

フィードバックと評価者研修の実施
「部下・組織の成長につなげること」を目的にする

◆フィードバックのあり方

　人事評価制度は、会社や社員の成長を支える仕組みであり、目指す姿と現状の間にあるギャップを、効果的に埋めるためのツールである（[41 人事評価① 人事評価制度の目的と体系] 参照）。この前提に立てば、人事評価の結果はブラックボックスにせず、評価対象者本人にフィードバックすべきである。

　フィードバックの仕組みには、①位置付け、②対象者、③内容、④方法、⑤タイミングという5つの観点があり、①から⑤はそれぞれ複数のプランが想定されるため、各項目の中から最適なプランを選択する「アラカルト方式」で検討するとよい（図表45①）。

　フィードバックを「評価対象者本人に気付きを与えて成長を促す」目的で行う場合、①必ず、②全社員に、③仕事ぶりに関して賞賛すべき点と反省を促す点を、④直接（面談で）、⑤期末面談時に行うという方法が推奨される（図表45①の太字下線）。

　一方で、処遇に反映するための評価ランク（[43 人事評価③ 評価ランクと処遇反映] 参照）をフィードバックする場合、必ずしも面談で行う必要はなく、人事システムや給与明細上などで個別に通知する対応もあり得る。

◆評価者研修の実施

　評価者には、「適切な目標を設定すること」「客観的に評価を行うこと」「フィードバックを通じて部下のモチベーションを高めること」などが期待される。しかしながら、これらの人材マネジメントは日常業務と一線を画すものであり、必要なスキルを一朝一夕に習得することは難しい。

　そこで、評価制度導入後から数年間は、評価者研修の実施が推奨される。研修では、人事制度の目的と、自社の人事制度の考え方やルールについて十分に説明した上で、①目標設定スキル、②評価スキル、③フィードバックスキルを高めるための講義、演習を行う（図表45②）。

　それなりの場数も必要であるため、ケーススタディやロールプレイングなど、実践型のプログラムが有効となる。

図表45　フィードバックと評価者研修の実施

①フィードバックの設計

5つの観点	想定されるプラン(一例)
位置付け	①必ず ②評価対象者から求められた場合に ③評価者が必要と認めた場合に(評価不芳者など)
誰に (対象者)	①全社員に ②管理職のみに ③非管理職のみに
何を (内容)	①評価記号を ②仕事ぶりに関して賞賛すべき点と反省を促す点を ③評価記号と賞賛点・反省点の両方を(=①+②)
どうやって (方法)	①紙またはイントラネット上で ②直接(面談で)
いつ (タイミング)	①期末面談時に ②最終評価が確定したあとに(4月以降) ※最終的な評価記号をフィードバックするのであれば①は不可

②評価者研修プログラムの一例

テーマ		セクションごとのねらい	形式	概要
評価の基本と評価のつけ方の理解	Ⅰ	評価者として、人事評価の基本について学習し、評価の仕方を理解する	講義	【人事評価の基本】 ・人事評価の目的、評価者の心構え ・評価エラー、絶対評価と相対評価 など
			演習	【評価の演習】 ・ケーススタディ:こんな部下はどう評価する?(個人ワーク)
	Ⅱ	他者の評価方法を知り、評価者としての目線合わせを行う	演習	【評価の目線合わせ】 ・グループ討議(個人ワークの結果を踏まえて) ・会社としての標準的見解の解説
目標管理とマネジメントの高度化	Ⅲ	管理職に求められる「マネジメントとは何か?」ということから再確認し、目標達成に向けて、部下の個別目標を立案する	講義	【管理職に求められるマネジメントサイクル】 ・目標管理とPDSサイクルの関係性 ・適切な目標を設定する方法 など
			演習	【部門目標に基づく個別目標の展開】 ・部門目標の再設定と課題の抽出 ・部門目標から部下の目標への展開
フィードバックスキルの強化	Ⅳ	面談の基本を身につけ、部下に対して自信を持って指導・育成できる準備を整える	演習	【フィードバック面談演習】 ・フィードバックのポイントの確認 ・ロールプレイング

46 報酬管理①

賃金と総額人件費の体系
賃金：給与・賞与・退職金、人件費：従業員にかかる経費全般

◆**賃金の体系**

　労働の対償として会社から従業員に支給される賃金は、「給与」「賞与」「退職金」の３つで体系化される（図表46①）。

　給与は「所定内給与」と「所定外給与」に大別されるが、所定内給与は毎月固定的に支給される給与の総額で、基本給と諸手当で構成される。一方、所定外給与は、いわゆる「残業代」にあたり、会社が定める労働時間を超えて働いた場合に、その時間に応じて支給される。「基準内賃金」と「基準外賃金」も押さえておく必要がある。画一的な定義は存在しないが、一般に、法定労働時間を超えて働いた場合に支払われる割増賃金を計算する際、その算定基礎額に含める賃金を基準内賃金とすることが多い。基本給に加え、諸手当の一部がこれにあたる。

　賞与は、給与とは異なり労働基準法上の支給義務はないが、一般的には業績等に応じて年に２回程度（夏季・冬季）支給される。

　退職時に支給する退職金も、賞与と同じく法律上の支給義務はないが、長期勤続のインセンティブなどの目的で支給される。

◆**人件費とは**

　人件費とは企業が従業員に対して負担する経費全般を指し、「現金給与総額」と「現金給与以外の人件費」の２つに大別できる（図表46②）。

　賃金との関係でいえば、現金給与総額は「給与と賞与の合計」と同義であり、退職金は、現金給与以外の人件費の一部に位置付けられる。現金給与以外の人件費は、退職金の他に以下の費用で構成される。

　Ⓐ法令で義務付けられている福利厚生にかかる費用（社会保険料等）

　Ⓑ企業が独自に提供する福利厚生にかかる費用（レクリエーション等）

　Ⓒ金銭以外で提供する経済的利益（食事、永年勤続表彰の記念品等）

　Ⓓ研修等にかかる費用（受講料、教材費、会場費、交通費等）

　Ⓔ採用にかかる費用（広告費、エージェントへの報酬等）

　Ⓕその他

図表 46　賃金と総額人件費の体系

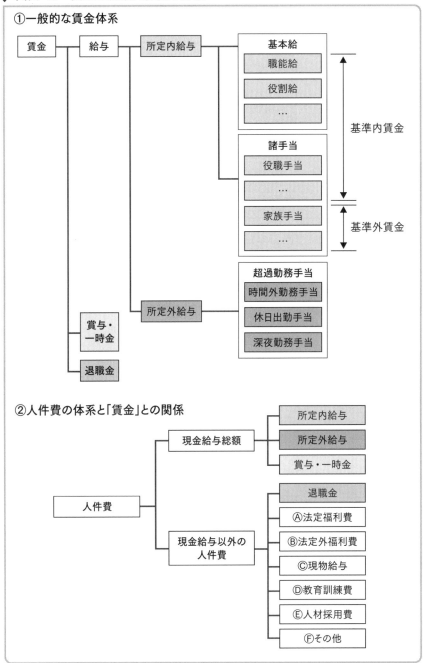

47 報酬管理②

総額人件費の管理

「1人あたり人件費」と「要員数」それぞれをコントロールする

◆総額人件費とは

　総額人件費は「1人あたり人件費×総要員数」という計算式で表すことができることから、総額人件費を適正に管理するためには、「1人あたり人件費」と「要員数」それぞれのコントロールが必要となる（図表47）。

◆1人あたり人件費のコントロール

　1人あたり人件費は、「ベースアップ（物価上昇などを考慮して行う賃金水準の底上げ）」「給与制度」「賞与制度」「福利厚生」の4つの要素をコントロールすることで適正化する。

　ベースアップは長期的に経営にインパクトを与えるため、慎重に意思決定すべきである。給与は、例えば勤続年数により青天井で昇給する制度の場合、これを抑制する仕組みなどを検討する必要がある。賞与は、営業利益などに応じて賞与原資をコントロールする「業績連動方式」の導入がポイントとなる。福利厚生は「法定福利費」「法定外福利費」の2つがあるが、会社がコントロールできるのは後者である。社宅・寮、レクリエーション活動補助などは、時代の要請なども踏まえて定期的な見直しが必要である。

◆要員数のコントロール

　要員数の適正化では、「採用」と「退職」の2つをコントロールする。

　採用は「不況だから採用しない」という短期的な目線だけでなく、中長期的な事業戦略やそのボリュームを考慮し、採用計画を策定することが重要となる。また、契約社員や派遣社員などを各事業部門で採用している場合には、それらの人件費も人事部がモニタリングすることが必要である。

　退職はいわゆる「リストラ」で、年収水準が比較的高い中高年世代の「早期退職制度」などが該当する。ただしこの制度は、即時的に総額人件費を抑えられる点がメリットではあるものの、実際は「退職してほしくない社員」が離職するケースもあり、制度設計やその運用には工夫が必要となる。

図表 47　総額人件費の管理

◎総額人件費をコントロールする方法

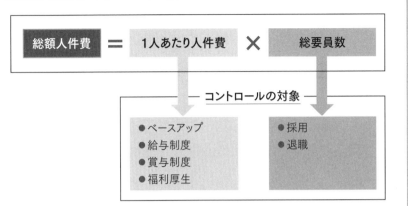

1人あたり人件費の コントロール要素	コントロールする際のポイント
ベースアップ	●物価指数や競合他社の賃金水準のトレンドを踏まえて、ベースアップは必要か
給与制度	●基本給が青天井で昇給する仕組みになっていないか ●諸手当の中で、目的が曖昧あるいは慣習的に支払っているものはないか
賞与制度	●「基本給の○カ月分」など、単にこれまでの慣習で支給していないか ●業績連動方式の賞与を導入できないか
福利厚生	●法定外福利費の中で、目的が曖昧あるいは慣習的に支払っているものはないか ●社宅や寮など、負担が大きい福利厚生は、時代の要請に沿っているか

要員数の コントロール要素	コントロールする際のポイント
採用	●当面の業績を踏まえて、新規採用者の人件費はどの程度許容できるか ●中長期的な事業のボリュームを踏まえて、今後の採用数はどのように計画するか
退職	●年収水準と業績貢献が見合わない従業員はいないか

48 報酬管理③

基本給と諸手当

支給目的を踏まえて合理的な体系・支給基準を設定する

◆基本給の類型

　賃金の代表格である基本給は、その支給目的や、どの等級制度を選択するかに応じて呼び名が異なり、「職能給」「職務給」「役割給」「勤続給（または年齢給）」「業績給（または歩合給）」の５つに大別できる（図表48①）。

　等級制度との関係では、職能給は職能資格制度、職務給は職務等級制度、役割給は役割等級制度に紐づく。日本では1970年代以降、職能給が主流であったが、能力（人）を基準とした年功的な性質を持つことから、近年は管理職を中心に職務給や役割給へ移行する会社もある。また、経験年数（または年齢）を基準とする勤続給も、近年では少数派になりつつある。

　業績給は仕事の成果を数値で測りやすい営業などの職種で支給される場合があるが、職能給・職務給・役割給に比べると導入率は高くない。給与は「安定性が重要な賃金」であることから、業績給を導入する場合は毎月の変動幅が過剰とならないよう慎重に検討する必要がある。

◆諸手当の種類

　諸手当は支給目的によって、「仕事に関する手当」「生活に関する手当」「超過勤務に関する手当」の３つに大別できる（図表48②）。

　仕事に関する手当はその性質上、基本給と重複して支給しないよう注意が必要である。例えば「役職手当」は、基本給を職能給とする場合は併せて支給することが一般的だが、職務給や役割給の場合には、同じ要素に対して二重で支給することになりかねない。

　生活に関する手当の代表格である「家族手当」は、近年、共働き世帯が増加している背景から、「配偶者手当」を廃止して「子ども手当」を厚くすることが一般的である。また、コロナ禍を経て在宅勤務が進んだことを受け、「在宅勤務手当」を導入する企業もみられるが、この場合、「通勤手当」を廃止して交通費を実費支給とする方式に切り替える会社もみられる。

　このように、諸手当を設計する際は、基本給と一体でその目的と対象を明確化し、合理的な体系、支給条件とすることが重要である。

図表48　基本給の種類

①基本給の種類

代表的な基本給	紐づく等級制度	概要・特徴
職能給	職能資格制度	●社員の職務遂行能力によって決定した等級に応じて支給する ●能力＝積み上げ型という発想により、年功的になりやすい
職務給	職務等級制度	●社員が担う職務の価値に応じて支給する ●例えば、同じ「部長」でも「営業部長」と「総務部長」では職務価値が異なるため、職務給も異なるという発想
役割給	役割等級制度	●社員が担う役割の大きさ・重要度に応じて支給する ●例えば管理職であれば、「課長」や「部長」などの役職を基にする
勤続給 （年齢給）	―	●「職務遂行能力は経験年数に比例する」という発想で、社員の年齢や勤続年数に応じて支給する ●職能給と同様、年功的になりやすい
業績給 （歩合給）	―	●仕事の成果によって上乗せして支給する ●売上や契約件数などに基づくことが多く、営業系の職種が中心 ●目先の数字にとらわれやすくなる点に留意が必要

②代表的な諸手当

分類	手当		概要
仕事に関する手当	役職手当		●課長、部長などの役職に応じて支給する
	職種別手当		●職種の特性を考慮して支給する ●例：営業職の外勤、工場内の危険な業務など
	資格手当		●公的・民間の資格保有者に対して支給する
生活に関する手当	家族手当		●扶養家族がいる場合に、生活の補助として支給する
		配偶者手当	●配偶者を扶養している場合に支給する
		子ども手当	●一定年齢以下の子どもを扶養している場合に支給する
	住宅手当		●住宅費用に関する補助として支給する
	地域手当		●勤務地の物価水準に応じて、地域別に支給する
	単身赴任手当		●単身赴任によって生じる二重コスト（家族が暮らす転勤前の住居と転勤先の住居）に関する補助として支給する
	通勤手当		●通勤に掛かる費用の補助として支給する
	在宅勤務手当		●出社時に比べて負担が大きくなる光熱費の補助として支給する
超過勤務に関する手当	時間外勤務手当		●割増率は25％以上（ただし、月60時間を超える場合は50％以上）
	休日勤務手当		●法定休日の場合の割増率は35％以上、法定外休日の場合は25％以上
	深夜勤務手当		●22時から翌朝5時までの深夜労働に対して支給する ●割増率は25％以上

第4章　人事部の年間活動スケジュールと実務

49 報酬管理④

基本給の設計方法
「レンジ（上限・下限）」と「昇降給」の2点を検討する

◆**基本給の構造**

　基本給を設計する際は、「レンジ（上限・下限）」と「昇降給」の2点について検討する。レンジは基本給の「範囲」であり、等級ごとに設定される。その「範囲」の中で基本給を上げることを「昇給」、下げることを「降給」と呼ぶ。

　昇給と似て非なる概念に「ベースアップ」があるが、昇給は「従業員の評価結果や昇格に伴って個別に行われるもの」であるのに対し、ベースアップは、「物価や賃金の世間水準の上昇などを考慮し、全従業員を対象に賃金水準の底上げを行う」ものである（図表49-1①）。

◆**基本給レンジの設計パターン**

　基本給は、その等級に求められる能力や職務、役割に見合った水準とすべきだが、設計パターンは、上限と下限の幅がある「レンジレート」、上限と下限が同額の「シングルレート」の2つに大別できる。

　レンジレートはさらに、「重複型」「接続型」「開差型」の3つのタイプに分かれる（図表49-1②）。

・重複型

　重複型は、基本給の範囲の一部が隣接する等級と重なっているタイプで、「同じ等級で長年滞留が続く場合でも、生活設計の面から一定の昇給を維持したい」場合に適している。

・接続型

　接続型は、基本給の上限・下限がそれぞれ、隣接する等級の下限・上限と接続しているタイプで、下の等級が上の等級を上回ることがない。

・開差型

　開差型は、基本給の上限・下限が、隣接する等級とは「重複」も「接続」もしないタイプで、等級間での基本給の差は接続型以上に大きい。

・シングルレート

　シングルレートは、各等級の基本給が固定額となるタイプで、「等級内

図表 49-1　基本給の設計方法

①昇給とベースアップ

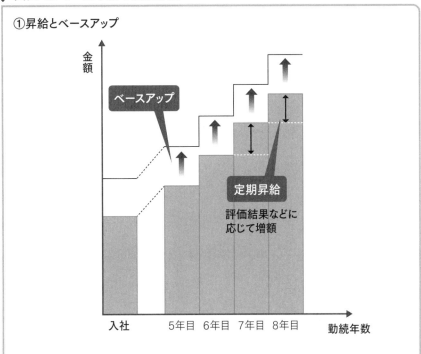

②基本給レンジの設計パターン

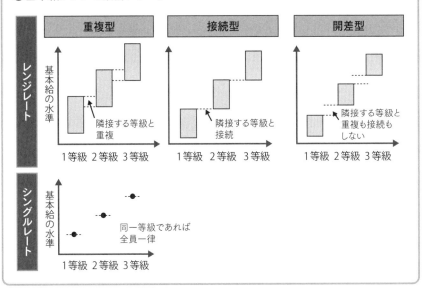

での昇給」は行わない。

◆定期昇給の方式

　定期昇給とは、「各等級の基本給レンジの中で、毎年の評価結果を反映すること」を指す。評価結果ごと（SABCDなど）の昇給額を定めることになり、その方式は複数存在するが、「ゾーン別昇給方式」はその代表例である（図表49-2①）。この方式は、等級別に設定した基本給レンジをさらに複数のゾーンに区分し、「同じ評価結果でもゾーンによって昇給の幅が異なる」仕組みである。

　例えば、基本給レンジを重複型とする右図の場合、同じB評価であっても、ゾーンⅠの昇給額が10,000円であるのに対し、ゾーンⅡでは5,000円となっており、2倍の開きがある。さらに、1等級のゾーンⅡと2等級のゾーンⅠが重複していることから、1等級から2等級への昇格意欲を促す効果が期待できる。

　なお、ゾーンⅡのD評価は−2,500円であり、基本給が減額されることとなるが、これを「降給」と呼ぶ。

◆昇格昇給の方式

　昇格昇給とは、「昇格によって基本給レンジが変わる」ことを指す。隣接する等級に昇格した場合、基本的には「上位等級の下限の金額」に昇給することとなるが、基本給レンジを重複型とする場合は、レンジの重複部分から昇格するケースが想定される。このケースで、単に基本給レンジが横にスライドする（基本給が変わらない）仕組みでは「昇格のインセンティブ」がなく、モチベーション低下が懸念される。

　このような懸念を解消する方法として「最低昇給保障額」を設ける場合があり、これが「昇格昇給」にあたる（図表49-2②）。

　基本給レンジを接続型とする場合にも同様の懸念があるが、開差型の場合は、そもそも隣接する等級とは基本給のレンジに開きがあるため、別途「最低昇給保障額」を設ける必要はない。

142

図表 49-2　基本給の設計方法

①ゾーン別昇給方式

― 昇給表のイメージ ―

評価ランク	S	A	B	C	D
ゾーンⅡ	10,000円	7,500円	5,000円	2,500円	−2,500円
ゾーンⅠ	20,000円	15,000円	10,000円	5,000円	0円

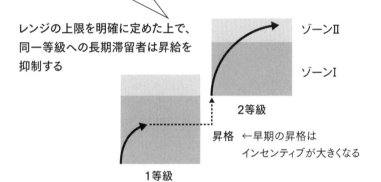

レンジの上限を明確に定めた上で、同一等級への長期滞留者は昇給を抑制する

ゾーンⅡ / ゾーンⅠ
2等級
昇格　←早期の昇格はインセンティブが大きくなる
1等級

②昇格時、降格時の給与決定の仕組み

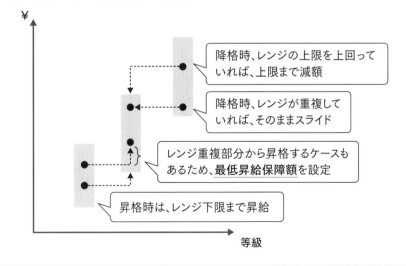

降格時、レンジの上限を上回っていれば、上限まで減額

降格時、レンジが重複していれば、そのままスライド

レンジ重複部分から昇格するケースもあるため、**最低昇給保障額**を設定

昇格時は、レンジ下限まで昇給

等級

50 報酬管理⑤

賞与の意義とその支給方法
「賃金の後払い」と「業績貢献に対する報酬」という2つの性質

◆賞与の意義

賞与には、「賃金の後払い（生活保障）」と「業績貢献に対する報酬」という2つの性質があり、業績に応じて変動することから従業員の業績意識の向上が期待できる。法定上の義務はないが、厚生労働省「令和5年賃金引上げ等の実態に関する調査」によれば、86％の企業で支給されている。

◆賞与の支給パターン

賞与の支給パターンは、「月給連動方式」「算定基礎額方式」「ポイント方式」の3つに大別できる（図表50①）。月給連動方式は「月給×支給月数×人事評価係数」で計算し、「月給」はその一部（基本給＋役職手当など）とすることが多い。算定基礎額方式では、等級や役職ごとに一律の金額（算定基礎額）を設定し、「算定基礎額×支給月数×人事評価係数」で計算する。ポイント方式は「ポイント単価×人事評価ポイント」で計算し、ポイント単価は「賞与原資÷従業員の評価ポイントの合計」で計算する。

計算式の構造上、ポイント方式は予定する原資を上回ることはないが、月給連動方式や算定基礎額方式は計算の結果、想定していた原資を上回ることもあり得る。その場合は、「支給月数」を抑えることで調整する。

人事評価係数は、「評価ランク」（[43 人事評価③ 評価ランクと処遇反映]参照）に応じた支給率を指す。賞与の支給と人事評価がそれぞれ年2回ある会社では、上期評価結果（3月決算の場合なら10月頃）は冬季賞与に、下期評価結果（翌年3月頃）は翌年度の夏季賞与に反映することが一般的である。

◆原資の決定方法

賞与原資の決定方法には、「総合決定方式」と「業績連動方式」が存在する（図表50②）。日本企業では長年、総合決定方式が主流であったが、経団連「2021年夏季・冬季 賞与・一時金調査結果」によれば、55.2％の企業で業績連動方式が導入されており、基準とする指標は、営業利益（60.2％）、経常利益（34.3％）が主流となっている。

144

図表50　賞与の意義とその支給方法

①賞与の支給パターン

月給連動方式

月給（基本給＋役職手当など）× 支給月数 × 人事評価係数（「評価ランク」に応じた支給率）

年功要素が影響するため、同じ等級・役職でも人により月給は異なることも

S	A	B	C	D
2.0	1.5	1.0	…	…

↓ 回避したい場合

算定基礎額方式

算定基礎額（等級別の固定額＋役職手当）× 支給月数 × 人事評価係数（「評価ランク」に応じた支給率）

同じ等級・役職で金額を一律に設定（年功要素を排除できる）

S	A	B	C	D
2.0	1.5	1.0	…	…

ポイント方式

ポイント単価（賞与原資÷社員への総付与ポイント）× 人事評価ポイント（下記のようなポイントテーブル）

【例】
賞与原資1億円、社員への総付与2万ポイント
7等級／A評価の社員Xさんの賞与額

①ポイント単価
1億円÷2万ポイント＝5,000円

②Xさんの賞与額
5,000円×100ポイント＝**500,000円**

	S	A	B	C	D
8等級	120	110	100	95	90
7等級	110	100	90	85	80
6等級	100	90	80	75	70
5等級	90	80	70	65	60
4等級	85	75	65	60	55
3等級	80	70	60	55	50
1〜2等級	75	65	55	50	45

②賞与原資の決定方法

原資決定方法	概要	メリット	デメリット
総合決定方式	●さまざまな経営環境を経営側が総合的に判定し、毎期の賞与原資（支給月数）を決定	●原資決定の柔軟性の確保 ●原資決定を経営判断事項として留保できる	●原資決定が不透明 ●毎期の判断が必要になり煩雑
業績連動方式	●あらかじめ定めた業績指標に連動して賞与原資を決定	●業績向上の意識付けを図り、人件費のコントロールができる ●労使交渉の簡略化	●原資決定に関する経営の裁量幅が狭まる

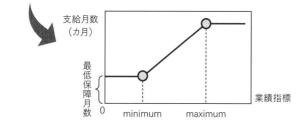

第4章　人事部の年間活動スケジュールと実務

51 報酬管理⑥

退職給付制度

高齢化が進展するなか、企業年金制度の存在意義が高まる

◆**退職給付制度の目的**

賃金は労働の対価であり、社員の貢献に応じてその都度支給することが基本であるが、多くの企業では定期の賃金支払いのほかに、一時金または年金の形で退職時に報酬を支払う仕組み（退職給付制度）を設けている。

その目的は、「長期勤続のインセンティブ」「在職中の功労報償」「老後の生活保障」の3つに大別できる（図表51-1①）。

このうち、長期勤続のインセンティブと在職中の功労報償は個別企業内の事情によるものだが、老後の生活保障については、急速な高齢化が進むなかで、社会的な影響を併せもっている。公的年金を補完する仕組みとして、近年とりわけ老後の生活保障の意義が大きくなっているといえるだろう。

◆**給付額の決定方法**

月例給や賞与は、毎月あるいは年間を通じての貢献度を人事評価等で測定し支給額を決定する。しかし、退職給付制度の場合、数十年にも及ぶ貢献度を一人ひとり測定して給付額を算定するのは現実的ではない。

退職給付の決定方法にはさまざまなバリエーションがあるが、退職時給与連動型とポイント型がその代表例である（図表51-1②）。

①退職時給与連動型

退職時給与連動型の場合、退職時点の給与（基本給等）に勤続年数別の係数を乗じて退職給付を決定する。例えば、勤続35年の定年退職者の退職金を考えてみよう。この社員の退職時基本給が40万円、勤続35年の場合の係数が30であれば、退職給付は40万円×30＝1200万円と計算される。

退職時給与連動型はシンプルかつ明快な方法であるが、「退職時点の給与」というピンポイントの指標で退職給付が決まってしまうのが難点である。これでは、ハイパフォーマーとして長期にわたり部長として活躍し退職した人も、ずっと低空飛行を続けていたが退職直前に部長に登用されて退職した人も、部長としての給与や勤続年数が同じならば、退職給付も同

図表 51-1　退職給付制度

①退職給付制度の目的

目的	その内容
長期勤続の インセンティブ	●賃金の一部を後払いし、勤続年数が長い社員ほど受給額が多くなるようにすることで、長期勤続を奨励する ●自己都合退職の場合の退職金を減額する企業が多いが、これも長期勤続奨励を意図した仕組みといえる
在職中の 功労報償	●在職中の長期間にわたる貢献をねぎらう ●通常ルールによる退職金のほかに、貢献が大きい社員への特別加算制度を設ける企業もあるが、これも功労報償を強く意識したものといえる
老後の 生活保障	●定年退職後の生活設計をサポートする ●特に、退職年金制度を設ける企業については、老後の生活保障の意味合いが強いといえる

②退職給付の主な決定方法

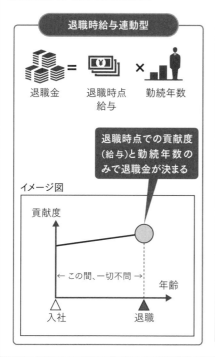

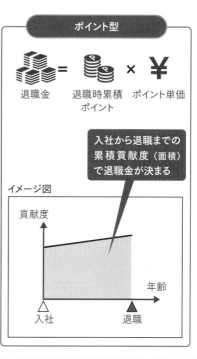

額になってしまう。

②ポイント型

ポイント型は、上記の欠点を克服する面で優れている。ポイント型の場合、資格等級や役職別にあらかじめ「ポイント」を設定し、本人の在籍等級や役職に応じて毎年ポイントを付与する。その上で、定年までに溜まったポイントにポイント単価を乗じて退職給付額を決定する仕組みである。

「毎年蓄積する」という点が重要であり、この方法であれば、長期間にわたり部長として貢献し退職した社員とたまたま退職直前に部長に登用された社員では累積ポイントに差が出るため、退職給付も異なることになる。

退職時給与連動型が退職の「時点」で退職給付を決める仕組みとすれば、ポイント型は退職までの「累積」を重視した制度といえるだろう。

◆企業年金制度の特徴

企業年金制度（退職給付の一部または全部を年金として支給する仕組み）を持つ企業が少なくない。先に述べた退職給付制度の目的の1つである老後の生活保障を考慮すると、企業年金制度の存在意義は今後ますます高まっていくものと考えられる。企業年金制度は、確定給付年金（DB）と確定拠出年金（DC）に大別できる（図表51-2）。

①確定給付年金

確定給付年金（DB）とは、在職中の資格等級や給与等に応じて年金受給額が一意に定まる仕組みをいう。必ずしも入社時点で将来の受給額が事前に確定するわけではなく、通常は入社後の昇進・昇格スピード等に応じて各人の受給額に差が出る。「規程で定める算定方法に従い退職後の受給額が確定する」という意味での「確定」給付である。

確定給付年金の場合、会社側が給付に必要な原資を確保しなければならない。年金資産の運用が低迷し積立不足が生じたときは、会社による追加拠出が必要である。この点は会社側からみるとデメリットであるが、社員側からみると、不確実性を抑制し老後の安定を確保できるメリットがある。

②確定拠出年金

確定拠出年金（企業型DC）とは、あらかじめ掛金の拠出ルールを決めておき、本人が指示する掛金の運用成績に応じて退職後の給付額が変動する仕組みである。貯蓄に類似した性格を有するが、あくまで年金制度であり、大きな運用益が出ていても、原則として60歳未満の段階で現金化して引

き出すことはできない。

　DCとして掛金拠出し退職後に受け取るか、あるいは、掛金相当額を給与として毎月受け取るかを社員が自由に選べる仕組みを導入する企業もある（選択制DC）。DCとして掛金拠出する場合は非課税扱いとなり、税・社会保険料の優遇措置がある。一方、給与として受給する場合は、税・社会保障の優遇は受けられないが、直ちに現金を手にすることができる。社員一人ひとりのライフプランやマネープランが問われる仕組みといえるだろう。

　厚生労働省「就労条件総合調査」（2023年）によれば、企業年金制度を有する企業のうち、50.3％が確定拠出年金（企業型）の資産運用形態をもっている。10年前の2013年調査ではその割合は35.9％であり、15ポイント近くも増加している。DC制度がポピュラーな企業年金制度になりつつあることが伺われる。

　図表51-2　企業年金制度

◎確定給付年金と確定拠出年金

	確定給付年金 （DB：Defined Benefit）	確定拠出年金（企業型DC） （DC：Defined Contribution）
概要	加入期間中の給与等の条件によって退職後に受給する給付額が一意に定まる制度	加入期間中の給与等に応じて掛金を拠出し、その運用成績に応じて受給額が変動する制度
特徴	●会社は、社員に約束した給付を行うための年金資産運用責任を負う（積立不足が発生したときは、会社の追加拠出が必要） ●給付額の予見可能性が高く、社員にとって安心感がある	●運用益の変動リスクは会社ではなく加入者本人が負担する（会社の積立不足は発生しない） ●ポータビリティがあり、労働移動の増加に対応しやすい
イメージ図	 規程に従い給付が確定 退職後の受給額	 運用成績で給付が変動 退職後の受給額

注：確定拠出年金には、上表の企業型のほか、個人型（iDeCo）がある

52 労働時間管理①

法定労働時間と時間外労働

労働時間法制を遵守し、細心の注意を払って就業管理を行う

◆**法定労働時間と所定労働時間**

労働基準法（労基法）は、1週40時間、1日8時間を超えて従業員を労働させてはならないと定めている（法定労働時間）。この原則を超えて労働させるためには、労基法36条に基づく労使協定（36協定）の締結・届出が必要になる。また、法定時間外労働には割増賃金を支払わなければならない。

一方、これとは別に、各企業は就業規則で始業・終業時刻を定めている。始業・終業時刻から休憩時間を差し引いた時間がその企業における所定労働時間である。

企業によっては、8時間よりも短い所定労働時間を定める場合があるが、労基法でいう「時間外労働」はあくまで1週40時間、1日8時間を超える労働である。このため、図表52①の企業において、17時から18時の勤務はその会社にとっては残業であるが、労基法でいう時間外労働には該当せず（法内残業）、割増賃金の支払い義務も発生しない。（法内残業を割増賃金の支給対象とすることは法定を上回る対応であり問題ない。）

◆**時間外労働の上限規制**

36協定を締結し届け出れば、法定労働時間を超えて労働させることができる。しかし、無制限に時間外労働を命ずることができるわけではなく、罰則付きの上限規制（原則：月45時間・年360時間）が設けられている。

臨時的な特別の事情があって労使が合意する場合（36協定の特別条項がある場合）は、年6回まで月45時間を超える時間外労働をさせることができる。しかしこの場合であっても、年720時間を超えて時間外労働させることはできず、時間外・休日労働の合計が「月100時間未満かつ2～6カ月平均が全て80時間以内」となるようにしなければならない（図表52②）。

長時間労働を放置すれば、社員の心身の健康を蝕むことはもちろん、会社にとっても「ブラック企業」という風評が立つおそれがある。労働時間法制のコンプライアンスに留意しつつ、細心の注意を払って就業管理を行う必要がある。

図表52 法定労働時間と時間外労働

①労働時間の原則

完全週休二日制(土日休)、月〜金の所定労働時間7時間の会社の例

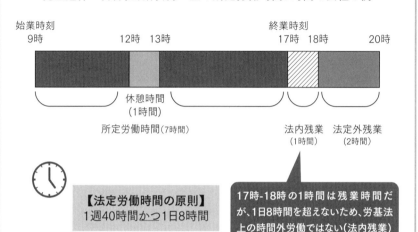

【法定労働時間の原則】
1週40時間かつ1日8時間

17時-18時の1時間は残業時間だが、1日8時間を超えないため、労基法上の時間外労働ではない(法内残業)

②時間外労働の上限規制

労使協定(36協定)の締結・届出があれば、法定時間外労働をさせることが可能

ただし、無制限に残業させることはできず、下表の**限度時間**あり

	限度時間(注)
原則	●月45時間、年360時間
臨時的な特別の事情があり、労使が合意する場合 ※ただし、この場合であっても、原則(月45時間)を超えることができるのは、年間6カ月まで	●年720時間以内 ●月100時間未満、かつ、2〜6カ月平均がすべて80時間以内(休日労働を含む)

注:法内残業時間(図表52①参照)はこの中に含まれない

53 労働時間管理②

変形労働時間制
原則的な労働時間制を柔軟化する仕組み

◆変形労働時間制とは

　本社勤務の内勤ホワイトカラーであれば、「平日は8時間労働、土日は休み」という勤務サイクルが成立する。しかし、工場等で夜勤を含むシフト制で働いている人の場合はそうはいかない。

　こうした状況に対応するため、労基法では変形労働時間制が定められている。図表53①は変形労働時間制のイメージである。法定労働時間の原則は「1週40時間、1日8時間」であり、太枠で囲った部分が該当する。これに対し、網掛け部分が変形労働時間制を利用した場合の所定労働時間の例である。網掛け部分の面積が太枠部分の面積を上回らない範囲で、特定の週または日に40時間または8時間を超えて労働させることができる。

　なお、「結果的（事後的）に上回らなければOK」ということではなく、事前に労働日と労働日ごとの労働時間を特定し、本人に通知しなければならない。また、変形労働時間制の導入には労使協定の締結等も求められる。

◆フレックスタイム制

　代表的な変形労働時間制の1つがフレックスタイム制である。本来、始業・終業時刻は就業規則において会社が特定する必要があるが、フレックスタイム制を採用する場合、社員の判断にそれを委ねることになる。

　フレックスタイム制を採用する場合、対象労働者や清算期間（労働者が労働すべき時間を法定労働時間の枠内で定める期間のことで、清算期間の長さは最大3カ月以内）のほか、コアタイム（必ず労働しなければならない時間帯）とフレキシブルタイム（本人の選択により労働することができる時間帯）を定めることが多い（図表53②）。ただし、これらを定めない「スーパーフレックスタイム制」と呼ばれる方法も可能である。

　フレックスタイム制の場合、「40時間×清算期間の週数（清算期間の日数÷7日）」が法定労働時間の総枠となる。この範囲に収まるかぎり、特定の週・日に40時間/週・8時間/日を超えて労働しても時間外労働としてカウントされない。（ただし、清算期間が1カ月を超える場合は週平均50時間の上限がある。）

図表53 変形労働時間制

①変形労働時間制(イメージ図)

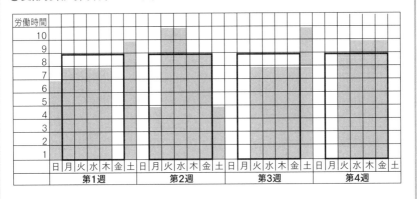

▢ 原則的な法定労働時間(1週40時間、1日8時間、完全週休2日制のケース)

▨ 変形労働時間制を活用して設定した所定労働時間の例

▨ の面積が ▢ の面積を上回らない範囲で所定労働時間を事前設定する

②フレックスタイム制(イメージ図)

[フレックスタイム制の一例]

①1日の標準労働時間：7時間
②清算期間：1カ月(1日～月末)
③清算期間における総労働時間：①×②の所定労働日数
④コアタイム：10:00～15:00
⑤フレキシブルタイム：7:00～10:00、15:00～19:00

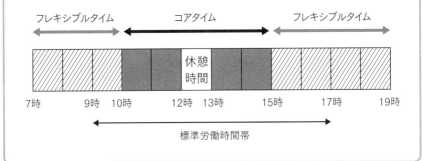

第4章 人事部の年間活動スケジュールと実務

54 労働時間管理③

事業場外労働のみなし労働時間制
上司が部下の勤務状況を把握できない場合の労働時間管理

◆**労働時間管理の原則**

　事業主等使用者には、労働者の労働時間を把握し、適正な時間管理を行う責務がある。労働時間の把握のためには始業・終業時刻の確認と記録が必要になるが、次のいずれかの方法が原則とされる（厚生労働省「労働時間の適正な把握のために使用者が講ずべき措置に関するガイドライン」）。

　①使用者が、自ら現認することにより確認し、適正に記録すること。

　②タイムカード、ICカード、パソコンの使用時間の記録等の客観的な記録を基礎として確認し、適正に記録すること。

◆**事業場外労働のみなし労働時間制**

　一方、労働者が1人で顧客往訪するケースなど、上司（管理監督者）が部下の勤務状況を把握できない場合がある。このようなときは、原則として所定労働時間働いたものとみなされる。ただし、その仕事を遂行するために通常必要となる時間が所定労働時間を超える場合には、その時間だけ労働したものとみなされる（図表54①）。

　労働時間の全部ではなく一部について事業場外労働した場合もみなし制が適用される。例えば、始業時刻から15時まで内勤し、その後顧客往訪して直帰する場合を考えてみよう。内勤時間帯は事業場外みなし制が適用されないので実時間をカウントする必要があるが、15時以降の勤務時間は把握できない。このため、結局のところ、この日は所定労働時間だけ働いたものとみなすことになる。

◆**テレワークの場合の考え方**

　テレワークの場合にも、事業場外労働のみなし労働時間制を適用可能である。ただし、情報通信機器の発達により、テレワークの場合であっても、実際には上司が部下の勤務状況を常時掌握しているケースが増えてきた。こうした場合には、たとえ本人が社外で勤務していても事業場外労働のみなし労働時間制は適用されないので、注意が必要である（図表54②）。

154

図表54　事業場外労働のみなし労働時間制

①事業場外労働のみなし労働時間制

労働者が事業場外で勤務し、労働時間の算定が困難なとき

- 原則：所定労働時間働いたものとみなす
- 例外（通常、所定労働時間を超える労働が必要な場合）：その業務遂行に通常必要な労働時間働いたものとみなす（※）

（※）労使協定でこの時間数を定めてもよい

ケース1　労働時間の全部が事業場外

直行直帰

ケース2　労働時間の一部が事業場外

15時まで内勤したのち外出し直帰

➡ ケース1、2とも、所定労働時間だけ働いたものとみなされる
（上記チャートの「例外」に該当しない場合）

②テレワークと事業場外みなし

上司　　→　　部下

次の条件をいずれも満たす場合は事業場外みなし労働時間制を適用可

① 情報通信機器が、使用者の指示により常時通信可能な状態におくこととされていないこと（例：勤務時間中に、労働者が自分の意志で通信回線自体を切断することができる場合など）
② 随時使用者の具体的な指示に基づいて業務を行っていないこと（例：使用者の指示が、業務の目的、目標、期限等の基本的事項にとどまる場合など）

出所：厚生労働省「テレワークの適切な導入及び実施の推進のためのガイドライン」

第4章　人事部の年間活動スケジュールと実務

55 労働時間管理④

裁量労働制
スペシャリスト的な「専門業務型」とゼネラリスト的な「企画業務型」

◆**裁量労働制の趣旨**

　企画力・構想力が試される業務では、仕事をしているのか休憩しているのか判然としない場合がある。

　例えば、商品開発の担当者であれば、終日オフィスに籠って考え込んでいても新しいアイデアが出てこないことがあるだろう。このようなときは、公園を散歩したり、街をぶらついたりすることで開発のヒントが得られるかもしれない。一見すると休憩しているように映ったとしても、実は仕事の一環だったりするのである。こうした業務の場合、上司が逐一仕事のやり方を指示するのは難しく、業務の進め方や時間配分を本人の判断に委ねるしかない。

　裁量労働のみなし労働時間制はこうした状況に対応する仕組みである。事業場外労働のみなし労働時間制が、本人の勤務時間を把握することが物理的に困難なので「みなす」のに対し、裁量労働制は、たとえ物理的に把握可能であったとしても、実際の稼働状況を判別することが困難なので「みなす」のである。

◆**専門業務型と企画業務型**

　裁量労働制には、スペシャリスト的な知見に基づく高度な企画・構想力が求められる「専門業務型」と、ゼネラリスト的な知見に基づく高度な企画・構想力が問われる「企画業務型」の２つのタイプがある（図表55）。

　①専門業務型裁量労働制

　専門業務型裁量労働制は1987年の労基法改正により創設された、いわば「オリジナルの裁量労働制」である。（当時は「専門業務型」「企画業務型」の区別はなく、単に「裁量労働制」と呼ばれていた。）

　当初は対象業務を通達で例示する方式が採用されていた（制度趣旨に適合するかぎり例示外の業務であっても、理屈上は裁量労働制を適用可能であった）が、対象となり得る業務の不明確さ等により制度があまり活用されず、1993年の労基法改正により、対象業務を限定列挙する方式に転換している。

もともとは新商品・新技術の研究開発の業務など5業務（図表55の「専門業務型」の①〜⑤）が対象業務として列挙されていたが、その後、順次追加され、現在は20業務が適用対象となっている。

②企画業務型裁量労働制

企画業務型裁量労働制は1998年の労基法改正により創設された、いわば「もう1つの裁量労働制」である。専門業務型裁量労働制の対象業務は、特定の資格と結びついた業務が少なくない。これに対し、企画業務型の対象業務は「事業の運営に関する事項についての企画・立案・調査・分析の業務」とされており、やや抽象的である。

濫用防止等の観点から、企画業務型については、制度を導入できる事業場についての要件が設けられているほか、労使委員会の立ち上げや委員の4/5以上による決議・届出が必要とされるなど、専門業務型よりも厳格な要件が付されている。

図表55　裁量労働制の対象業務

専門業務型	企画業務型
下記20業務 ①新商品・新技術の研究開発の業務 ②情報処理システムの分析・設計の業務 ③新聞・出版・テレビ・ラジオ制作における取材・編集の業務 ④デザイナーの業務 ⑤放送、映画等のプロデューサー・ディレクターの業務 ⑥コピーライターの業務 ⑦システムコンサルタントの業務 ⑧インテリアコーディネーターの業務 ⑨ゲーム用ソフトウェアの創作の業務 ⑩証券アナリストの業務 ⑪金融商品の開発の業務 ⑫大学における教授研究の業務 ⑬M&Aアドバイザーの業務 ⑭公認会計士の業務 ⑮弁護士の業務 ⑯建築士の業務 ⑰不動産鑑定士の業務 ⑱弁理士の業務 ⑲税理士の業務 ⑳中小企業診断士の業務	事業の運営に関する事項についての企画・立案・調査・分析の業務 ※ 対象となる事業場（下記①または②） ①本社・本店 ②次のいずれかに掲げる事業場 　イ）企業の事業運営に大きな影響を及ぼす決定が行われる事業場 　ロ）本社・本店の具体的な指示を受けることなく独自に、当該事業場の事業運営に大きな影響を及ぼす事業計画や営業計画の決定を行っている支社・支店等である事業場

56 労働時間管理⑤

年次有給休暇

年休10日以上ある従業員は年5日は会社側が時季を定めて取得させる

◆年次有給休暇

　労基法39条は、従業員の継続勤務年数に応じて、年次有給休暇（年休）を付与することを義務付けている（全労働日の8割以上出勤することが必要）。業種や企業規模等に応じた特例措置はなく、管理監督者を含め、すべての従業員に図表56-1①に示した年休を付与しなければならない（パートタイマーについても、所定労働日数に応じた比例付与が必要）。

　付与された年休を実際に取得するかどうかは、従業員自身の判断に委ねられる。しかし、我が国では年休をほとんど取得しない人も多く、平均取得率は長きにわたり50％前後に低迷してきた。このため、2019年より、年休が10日以上付与される従業員について、そのうち年5日については会社側が時季を定めて取得させることが義務付けられている（厚生労働省「令和5年就労条件総合調査」によれば、年休の平均取得率は60％超まで上昇している）。

◆付与基準日の設定

　従業員数人の小企業であれば、一人ひとりの入社日を個別に管理して法定を下回らないように年休を付与することが可能である。しかし、数百人〜数千人規模になると、この方法はあまり現実的ではない。このため、実務上は、一定の基準日を定めて斉一的な取扱いを行うのが普通である。

　図表56-1②のケース1は、4月1日を基準日とする企業の例である。4月1日入社の従業員であれば、入社半年後の10月1日に10日の年休を付与する必要があるが（図表56-1①参照）、これを半年前倒しして入社時点で10日の年休を付与する。法定では、入社から1年半経過した翌年10月に11日の年休を付与する必要があるが、これも半年前倒しして翌年4月1日に11日の年休を付与する。4月2日以降に入社した社員については半年超を前倒しし、法定の要件を下回ることがないようにする。

　ケース2は、さらに進んで入社初年度から法定上限の20日付与を行う企業の例である。この方法であれば、従業員一人ひとりの勤続年数を追いかけて付与日数を漸増させる煩わしさから完全に解放される。

図表 56-1　年次有給休暇

①年次有給休暇の法定付与日数

継続勤務年数	法定付与日数
6カ月	10日
1年6カ月	11日
2年6カ月	12日
3年6カ月	14日
4年6カ月	16日
5年6カ月	18日
6年6カ月	20日

年休が10日以上付与される社員について、そのうち年5日については、会社側が時季を定めて取得させることが義務付けられている。

②年次有給休暇の斉一的取扱いの例（基準日を4/1に定める場合）

ケース1

1. 入社初年度の付与日数

入社月	付与日数
4月から9月まで	10日
10月	8日
11月	6日
12月	4日
1月	3日
2月	2日
3月	1日

2. 次年度以降の基準日(4/1)の付与日数

継続勤務年数	付与日数
1年以下	11日
1年超2年以下	12日
2年超3年以下	14日
3年超4年以下	16日
4年超5年以下	18日
5年超	20日

ケース2

1. 入社初年度の付与日数

入社月	付与日数
4月～5月	20日
6月～7月	15日
8月～9月	12日
10月～11月	9日
12月～1月	6日
2月～3月	3日

2. 次年度以降の基準日(4/1)の付与日数

継続勤務年数／付与日数
勤務年数にかかわらず20日

入社から半年間、一切年休がないのは、いざというときのことを考えると不安なものである。このため、前倒し付与は従業員にとっての便益が極めて大きい。一方、企業側からみても、前倒し付与によるコスト増が発生するものの、付与基準日の統一による管理上のメリットがデメリットを上回るのである。

◆年休取得の原則

年休取得は労働者の権利であり、取得に先立ち、年休の利用目的を申請し、使用者の承認を得る必要はない。

また、年休は継続または分割した暦日単位で取得することが原則とされている。しかし、バカンス（長期休暇）の伝統がある欧州諸国と異なり、我が国では細切れに年休を取得したいというニーズも根強い。このため、暦日単位のほか、半日単位の年休取得についても、日単位取得の阻害とならない範囲で運用されるかぎり問題ないと解釈されている。さらに、時間単位年休についても、労使協定がある場合には年間付与日数のうち5日の範囲内で可能とされている。

年休取得は労働者の権利であるが、それが事業の正常な運営を妨げる場合には、使用者の時季変更権が認められている。ただし、代替要員の確保などの配慮を行うことなく機械的に時季変更権を考慮することは、法の趣旨に反すると解釈されている（図表56-2）。

◆未消化年休の取扱い

付与した年休が年度内に取得されなかった場合は、翌年度に繰り越される。とはいえ、永続的に繰り越されていくわけではなく、労基法115条の規定により、2年の消滅時効が認められる。（このため、未消化年休は翌々年度に失効する。）

会社によっては、未消化年休の一部または全部を失効させることなく積み立てておき、傷病欠勤等の場合に充当できるようにしているケースもある。

また、事前に年休の買上げ予約を行い、これに基づき法定の年休を与えなかったり日数を減じたりすることは違法とされるが、事後に（結果として）未消化となった年休に対して金銭給付することは差し支えないと解釈されている。このため、未消化年休を抱えたまま退職する従業員に対し、その日数に応じて退職金を積み増す等の取扱いは可能である。

なお、事前買上げ予約の禁止は労基法39条が定める法定年休に対して適用されるものであり、法を上回って会社が任意に付与する有給休暇に対し、このような取扱いを行うことは差し支えない。

例えば、福利厚生施策の一環として、（通常の年休とは別に）「アニバーサリー休暇」「バースデー休暇」などの名称の特別休暇を付与する企業が増えている。従業員一人ひとりの事情に応じたワーク・ライフ・バランス向上を意図した休暇制度であるが、業務繁忙等の理由により実際には休暇を取得できない人や、休暇よりもお金のほうを希望する従業員も存在する。このようなケースでは、休暇と金銭給付の選択制の仕組みを構築することも可能である。

図表 56-2　年次有給休暇

◎年次有給休暇取得の原則

❶ 自由利用の原則

年休をどのように利用するかは労働者の自由（年休取得時にその理由を添えて申請する必要はない）

❷ 取得単位の原則と例外

原則	例外	
暦日（0時～24時）単位での取得を原則とする	半日単位年休	時間単位年休
	労働者が希望し、使用者が同意した場合であれば、日単位取得の阻害とならない範囲で運用されるかぎり、問題ない	労使協定により、年間付与日数のうち、5日の範囲内で時間単位での付与が可能

❸ 使用者の時季変更権

労働者が指定する時季に年休を与えると、事業の正常な運営を妨げる場合には、使用者側に時季変更権が認められている

57 労働時間管理⑥

管理監督者と高度プロフェッショナル
残業代が支払われないなど、ともに労働時間規制の適用が除外される

◆**管理監督者とは**

　一般に「管理職になると残業手当が支給されない」と理解されている。この考え方自体は正しいが、実際には労基法が定める管理監督者の要件を満たさないにもかかわらず、「課長」「マネジャー」等の呼称を社員に付与し、残業手当を支給しない会社もみられる。「名ばかり管理職」と呼ばれる問題である。

　労基法における管理監督者とは、「労働条件の決定その他労務管理について経営者と一体的な立場にある者」と解釈されている（図表57①）。名称ではなく実態に即して判断されるので、たとえ社内で「課長」と呼ばれていたとしても、採用や人事考課、勤怠管理などの労務管理に何らの関与もしていなければ、この条件を満たすとはいえないだろう。

　また、待遇も重要である。管理職に昇進すると給与が上がる会社が多いが、その上昇幅が小さく、わずかの残業で非管理職との給与逆転が発生してしまうようであれば、待遇上の優遇が不十分と判断されるだろう。

　名ばかり管理職問題を発生させないよう、十分な注意が必要である。

◆**高度プロフェッショナル制度**

　管理監督者のほか、一定の要件を満たした「高度プロフェッショナル」についても、労働時間規制の適用が除外される。

　誰もが対象となるわけではなく、金融商品の開発など高度な専門知識等を要する業務に限られる。また、年収（確実に支払われると見込まれる1年間あたりの賃金）が1075万円以上であることも求められる。

　さらに、制度を導入するためには労使の代表による労使委員会を設置し、対象業務、対象労働者の範囲、健康確保のための措置の内容等を決議し、所轄の労基署に届け出る必要がある（本人の同意も必要）。

　経営者と一体の立場にあるわけではないにもかかわらず、労働時間規制の適用を外すため、高度プロフェッショナル制度には労働者保護の観点から重層的な要件が課されているのである（図表57②）。

図表57　管理監督者と高度プロフェッショナル

①管理監督者の要件

管理監督者とは

労働条件の決定その他労務管理について経営者と一体的な立場にある者

「課長」「マネジャー」「参事」などの職位・資格名称に関わりなく、実態に即して判断

判断基準①　職責と勤務態様

労働時間、休憩、休日等に関する規制の枠を超えて活動することが要請されざるを得ない、重要な職務と責任を有し、現実の勤務態様も、労働時間等の規制になじまないような立場にある者

判断基準②　待遇

定期給与である基本給、役付手当等において、その地位にふさわしい待遇がなされているか否か、ボーナス等の一時金の支給率、その算定基礎賃金等についても役付者以外の一般労働者に比し優遇措置が講じられているか否か等

出所：昭和22年9月13日付け発基17号、昭和63年3月14日付け基発150号に基づき作成

②高度プロフェッショナル制度

対象業務と年収要件

- 金融商品の開発の業務
- ファンドマネージャー、トレーダー、ディーラーの業務
- 証券アナリストの業務
- コンサルタントの業務
- 研究開発の業務

年収1075万円以上の者

導入手続き

労使委員会を設置し、4/5以上の多数により、対象業務、対象労働者の範囲、健康確保措置の内容等に関し決議し、届出を行う(本人の同意が必要)
［健康確保措置］
健康管理時間の把握措置
・休日の確保(年間104日以上、かつ、4週4日以上)
・選択的措置(勤務間インターバル等)
・健康・福祉確保措置　など

労働時間、休憩、休日および深夜の割増賃金に関する労基法の規定が適用除外

58 安全衛生管理①

安全衛生に関する法律と企業の義務
労働者の安全と健康を確保するための労働安全衛生法

◆**安全衛生に関する法律**

　企業における安全衛生に関する義務等については、主に労働安全衛生法(安衛法) で定められている。安衛法では、労働者の安全と健康を確保するための、安全衛生管理体制の確立や、労働災害を防止するための具体的措置 (健康保持増進措置・危険防止措置など) について規定している。

　ここでは、安全衛生管理体制および健康保持増進措置について概説する。

◆**安全衛生管理体制**

　事業者は、職場における安全衛生管理体制を整えるため、「総括安全衛生管理者」「安全管理者」「衛生管理者」「産業医」などを事業場の規模に応じて選任する義務がある (図表58①)。これにより、事業者の責任体制の明確化と、自主的な安全衛生活動の促進を図っている。

◆**健康保持増進措置**

　健康保持増進のための措置としては、健康診断の実施や医師による面接指導の実施などが義務付けられている。

　健康診断は、雇い入れ時の健康診断や、年1回以上実施する定期健康診断などの一般健康診断のほか、有害な業務に従事する労働者に対して実施する特殊健康診断などがある。

　医師による面接指導は、月の労働時間の状況やストレスチェックの結果に応じて実施することが義務付けられている (図表58②)。面接指導の実施後は、医師の意見を勘案し、必要に応じて、作業の転換、労働時間の短縮などの措置を講じる必要がある。この措置を実施しないことに対する罰則は定められていないが、安全配慮義務違反を避けるためにも事業者は適切な措置を検討することが求められる。

　なお、医師による面接指導を適切に実施するため、安衛法66条の8の3では、一部の労働者を除く全労働者の労働時間を、タイムカードなどの客観的な方法等により、適切に把握することを事業者に義務付けている。

164

図表 58　法令と企業の義務

①事業規模に応じた安全衛生管理体制

選任対象	職務	選任義務要件	
		業種	労働者数
総括安全衛生管理者	各事業における安全及び衛生に関する業務を統括管理する	①林業、鉱業、建設業、運送業、清掃業	100人以上
		②製造業（物の加工業含む）、電気業、ガス業、熱供給業、水道業、通信業、各種商品卸売業、家具・建具・じゅう器等卸売業、各種商品小売業、燃料小売業、旅館業、ゴルフ場業、自動車整備業、機械修理業	300人以上
		③その他の業種	1,000人以上
安全管理者	安全に係る技術的事項を管理する	上記①・②の業種	50人以上
衛生管理者	衛生に係る技術的事項を管理する	すべての業種	50人以上
産業医	医師として労働者の健康管理を行う	すべての業種	50人以上

出所：厚生労働省「安全衛生管理体制のあらまし」

②医師による面接指導の流れ

労働時間
月の時間外・休日労働時間が80時間を超えている者※

ストレスチェック
ストレスチェックの結果、医師等が面接指導を受ける必要があると認めた者

労働者自身が医師による面接指導を希望する※

医師による面接指導の実施

事業者は、労働者の健康を保持するための必要な措置について医師の意見を聞く＆面接指導等の記録を作成し保存（5年間）

医師の意見を勘案し、必要と認める場合は適切な措置を実施する

※研究開発業務従事者・高度プロフェッショナル制度適用者は別途規定あり

59 安全衛生管理②

メンタルヘルスとハラスメント防止

「そもそもメンタル不調はどのようにして生じるのか」の理解が大事

◆メンタルヘルスが重視される背景

　厚生労働省「労働安全衛生調査」（2023年）によれば、「メンタルヘルス不調を原因とする休職者」を抱える企業（従業員1,000人以上）は、91.2％にのぼる。また、休職はしていないものの欠勤や遅刻が目立つ従業員（アブセンティイズム）や、モチベーションの低下によって生産性が低下している従業員（プレゼンティイズム）まで含めると、企業が被る損失は甚大であり、看過できない問題となっている。

◆NIOSHの職業性ストレスモデル

　メンタルヘルス対策を講じる上では、「そもそもメンタル不調はどのようにして生じるのか」の理解が不可欠である。NIOSH（米国国立労働安全衛生研究所）の「職業性ストレスモデル」によれば、職場のストレス要因（ストレッサー）がストレス反応を引き起こした後、疾病に至るが、その過程では、個人的要因、仕事以外の要因、緩衝要因の3つが影響するとされる（図表59①）。中でも緩衝要因（上司・同僚・家族や友人からのサポートなど）の影響が大きいことから、企業におけるメンタルヘルス対策は重要な課題といえる。

◆メンタルヘルス対策とハラスメント防止策

　厚生労働省「労働者の心の健康の保持増進のための指針」（2015年改正）では、「セルフケア」「ラインケア」「事業場内産業保健スタッフ等によるケア」「事業場外資源によるケア」を継続的に行うべきとされている（図表59②）。

　近年注視されている職場のストレス要因には、長時間労働、ハラスメント（パワハラ・セクハラ・マタハラなど）、テレワークによるワーク・ライフ・バランスの乱れやコミュニケーションの希薄化などが挙げられるが、これらは本人の自助努力で解決できる問題ではない。

　したがって、企業は上記の4つのメンタルヘルスケアを単に仕組み化するだけではなく、経営者や管理職がこれらの重要性を真に理解し、率先して浸透を図ることが大前提となる。

:: 図表 59　メンタルヘルスとハラスメント防止

①NIOSHの職業性ストレスモデル

個人的要因
- 年齢、性別
- 結婚生活の状況
- 雇用保証期間
- 職種(肩書)
- 性格
- 自己評価(自尊心)

職場のストレス要因
- 職場環境
- 役割上の葛藤、不明確さ
- 人間関係、対人責任性
- 仕事のコントロール
- 仕事の量的負荷と変動性
- 仕事の将来性不安
- 仕事の要求に対する認識
- 不充分な技術活用
- 交代制勤務

急性のストレス反応
心理的反応
- 仕事への不満
- 抑うつ

生理的反応
- 身体的な不調
  (不眠など)

行動化
- 事故
- 病気欠勤
- 薬物使用

疾病
- 仕事に基づく心身の障害
- 医師の診断による問題(障害)

仕事以外の要因
- 家族、家庭からの欲求

緩衝要因
- 社会的支援
  (上司、同僚、家族)

②企業が継続的に行うべき4つのメンタルヘルスケア

① セルフケア	② ラインケア	③ 事業場内産業保健スタッフ等によるケア	④ 事業場外資源によるケア
従業員が自分自身で行う	部下を持つ管理監督者が日常的に行う	産業医や保健師、人事・労務部が行う	専門機関※から支援を受けて実施する
会社は、従業員がセルフケアが行えるように、教育研修、情報提供を行うなどの支援をすることが重要	部下の勤怠状況(遅刻・欠勤など)や職場環境の把握、従業員からの相談対応、職場復帰の支援などを行う	具体的なメンタルヘルスケアの実施に関する企画立案、個人の健康情報の取扱い、事業場外資源とのネットワークの形成やその窓口、職場復帰における支援などを行う	助言や情報提供を受けたり、サービスを活用したりしてメンタルヘルスケアに役立てる　※医療機関や保健機関など

60 雇用管理①

定年制と高齢者雇用
雇用機会及び就業機会の確保を定めた高年齢者雇用安定法への対応

◆高年齢者雇用安定法

　高年齢者雇用安定法は65歳までの雇用機会の確保を義務付けており、雇用する高年齢者の安定した雇用を確保するため「65歳までの定年引き上げ」「65歳までの継続雇用制度の導入」「定年制の廃止」のいずれかの措置を実施する必要がある。また、令和3年4月の改正では70歳までの就業機会の確保が努力義務とされた。具体的には、「70歳までの定年引き上げ」「定年制の廃止」「70歳までの継続雇用制度の導入」「70歳まで継続的に業務委託契約を締結する制度の導入」「70歳まで継続的に社会貢献事業に従事できる制度の導入」のいずれかの措置を講じるよう努めることが必要になった（図表60-1）。

◆70歳までの就業確保に取り組む意義

　70歳までの就業確保は組織にとってメリットある取組みである。

　まず、ベテラン社員を安定的に雇用する仕組みを作ることで、当該世代がモチベーション高く組織に貢献してくれることが期待できる。キャリアの終盤を「消化試合」のように過ごすのではなく、最後まで貴重な戦力として貢献してもらえるようにすることで、人材リソースを有効に活用することができる。これに加えて、キャリアが見通せるようになることで、さらに下の世代の社員も意欲を高めてくれることが期待できる。

　また、ベテラン社員が戦力として組織に貢献してくれるようになれば、引き換えに若手世代の人材確保負担が一定程度緩和されることになる。組織として適切な年齢構成を実現することは当然重要であるが、ますます人材採用が難しくなってくる今日において、人材不足へ対応する一手として70歳までの就業確保を位置付けることも可能と考える。

　さらに、他社へ先駆けて70歳までの就業確保に取り組むことで、「安心して長く働ける会社」であることを社外へアピールすることもでき、採用競争力の向上効果が期待できるのである。

図表 60-1　高年齢者雇用確保措置・高年齢者就業確保措置

| 義務 | ▶ | 65歳までの雇用確保 |

65歳までの雇用確保措置では、下記いずれかの措置を講じる必要あり

- **1** 65歳までの定年引き上げ
- **2** 65歳までの継続雇用制度の導入
- **3** 定年制の廃止

| 努力義務(新設) | ▶ | 70歳までの就業確保 |

70歳までの就業確保措置では、下記いずれかの措置を講じるよう努める必要あり

- **1** 70歳までの定年引き上げ
- **2** 定年制の廃止
- **3** 70歳までの継続雇用制度の導入
- **4** 70歳まで継続的に業務委託契約を締結する制度の導入
- **5** 70歳まで継続的に社会貢献事業に従事できる制度の導入

◆**企業における65歳までの高年齢者雇用確保措置の状況**

　厚生労働省が公表した「令和5年　高年齢者雇用状況等報告」によれば、65歳までの雇用確保措置を実施済みとした企業のうち、定年制の廃止は3.9%、定年の引き上げは26.9%、継続雇用制度の導入は69.2%となっており、継続雇用制度による対応を行っている企業が多い。

◆**70歳までの就業確保のアプローチ**

　よくあるケースとして、現在60歳定年である企業が70歳までの就業確保措置を講じる場合を考えてみよう。

　まず、60歳定年は変更せず、70歳までの継続雇用制度を導入する方法である。これは制度変更があまり発生せず、導入しやすい案だ。また、一般に継続雇用者は正社員に比べて給与が低いため、人件費をあまり増大させずに就業機会を確保することができる。しかし、継続雇用の期間が最大10年間にわたるため、継続雇用される社員にとっては安心して雇用されていると感じにくい可能性がある。また、継続雇用は通常有期雇用になるため、仮に60歳前後で担う役割が変わらない場合は同一労働同一賃金へ配慮した制度設計が必要になるため注意したい。さらに、65歳到達時に有期労働契約が5年を経過するため、いわゆる「無期転換ルール」の適用が可能になる。これにより無期転換すると定年が存在しなくなってしまうため、例えば65歳を「第二定年」として定めておくなどの対応が必要になる。

　次に、定年を65歳に引き上げ、70歳までの継続雇用制度を導入する方法である。もちろん、定年年齢は65歳に限定されるわけではなく、任意に設定可能である。この場合は前述した不安定感や、同一労働同一賃金にまつわる問題をほぼ解消できる。ただし、定年引き上げに伴い、制度改定はある程度大がかりなものになることに注意が必要である。また、人件費も一定程度増えることになる。定年引き上げを実施した企業では定年を65歳に設定している企業が多いことを前述したが、65歳への定年延長は、現時点の現実的な落としどころとして採用されているのだろう。

　さらに、定年を70歳まで引き上げたり、定年を廃止したりする方法も検討できる。現状ここまでの対応をしている企業は多くないため、先進的な事例として対外的なイメージアップ効果が期待できる。一方、70歳にもなると体力や気力、ライフプランなどの個人差が大きくなってくるため、現実的に可能か慎重な検討が必要である（図表60-2）。

図表 60-2　定年制と高齢者雇用

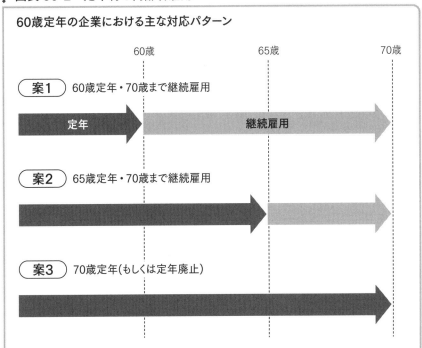

対応	メリット	デメリット
案1	●定年延長に比べてシニア層の人件費を抑制できる ●部分的な制度改定で済む	●継続雇用期間が最大10年間と長期になるため、社員にとって不安定感あり ●同一労働同一賃金への留意が必要
案2	●現実的な範囲で定年を引き延ばし、シニア層の戦力化や社外流出の抑止が期待できる	●ある程度大がかりな制度改定が必要。人件費は一定程度増加
案3	●先進的事例として、対外的に強いイメージアップ効果が期待できる	●体力、気力、ライフプランなどの個人差が大きいため、一足飛びの定年延長はリスクが大きい可能性

61 雇用管理②

障害者雇用
法定雇用率に準じた障害者雇用は企業が対応すべき重要な事項

◆**障害者雇用促進法**

障害者雇用促進法とは、障害者雇用の義務や、障害者に対する差別の禁止、合理的配慮の提供義務などを定めたものである。中でも法定雇用率に準じた障害者雇用は企業が対応すべき重要な事項であり、今後段階的に2.7%まで引き上げる方針が示されている。法定雇用率が未達成の企業は不足する人数に応じた障害者雇用納付金が徴収される。

また、改善が見られない企業には企業名の公表を伴う指導が入ることもある一方、法定雇用率の達成企業には調整金の支給がある（図表61）。

◆**障害者雇用の意義**

障害者雇用の意義として、まず会社としての社会的責任を果たすことがある。障害者雇用を推進することで、障害に関係なく誰もが社会参加できる「共生社会」の実現に貢献することができるのである。

また、障害者の特性を強みとして捉え、活躍の場を提供することで、企業にとって貴重な労働力の確保につなげることができる。

さらに、障害者のためになる職場環境の改善はすべての社員にとって働きやすい環境づくりにもなり、結果として全体の生産性向上が期待できる。

◆**障害者雇用に向けた取組み**

障害者雇用の促進でまず必要になるのは適切な業務の選定である。障害のタイプや程度を勘案しつつ、その人の特性を活かせる業務を作ることだ。

また、労働環境の整備も必要である。例えば車椅子の利用者には、車椅子のまま仕事ができるよう昇降式デスクの導入や段差にはスロープの設置といった配慮が望ましい。この他にも、労働日数や労働時間などの就労条件についても、それぞれの特性に合わせた合理的配慮を行う必要がある。

さらに、障害者を受け入れる同僚側の意識改革も重要だ。障害者雇用の意義や、障害者に対して講じるべき配慮などについて、社内研修などを通じて理解を深めることが必要になる。

図表 61　障害者雇用に関するルール

障害者雇用率制度	従業員が一定数以上の規模の事業主は、従業員に占める身体障害者・知的障害者・精神障害者の割合を「法定雇用率」以上にする義務
障害者雇用納付金制度	法定雇用率を未達成の企業のうち、常用労働者100人超の企業から障害者雇用納付金を徴収。一方、法定雇用率を達成している企業に対して調整金、報奨金が支給される
障害者の差別禁止及び合理的配慮の提供義務	雇用分野において、均等機会の提供と不当な差別的取扱いを禁止。また、障害の特性に配慮した必要な措置を講じる義務
障害者職業生活相談員の選任	障害者を5人以上雇用する事業所では、障害者職業生活相談員を選任し、従業員の職業生活に関する相談・指導を行わせる
障害者雇用に関する届出	従業員40人以上の事業主は毎年障害者雇用状況をハローワークに報告する義務。また、解雇時はその旨をハローワークに届け出る
障害者の虐待防止	障害者の虐待を防止するため、労働者に対する研修の実施、障害者や家族からの苦情処理体制の整備などの措置を講ずる

厚生労働省HP「障害者雇用のルール」をもとに筆者作成
https://www.mhlw.go.jp/stf/seisakunitsuite/bunya/koyou_roudou/koyou/jigyounushi/page10.html

第4章　人事部の年間活動スケジュールと実務

62 雇用管理③

アルムナイとカムバック採用

有望な採用候補者として「元従業員」に熱い視線が向けられている

◆注目されるアルムナイ

アルムナイには「退職者」や「卒業生」という意味がある。ここでは、以前自社に在籍し、自己都合ややむを得ない事情で中途退職した「元従業員」のことを指すものとする。

従来のメンバーシップ型雇用において、中途退職者はメンバーから外れた人材と認識されていた。極端な言い方をすれば「裏切り者」扱いされて、よほどのことがないかぎり再び自社に戻ってくることは許されなかった。ところが、人材獲得競争が激しくなった近年、新たな採用候補者として、このアルムナイが注目されている。

注目される背景としては、アルムナイが「他社でしか得られない経験」をしていることはもちろんのこと、「自社の良し悪しも理解した上で、それを踏まえて入社を希望してくれる人材」であり、最初から高いエンゲージメントを期待できるという点である（図表62①）。

また、ジョブ型の考え方が浸透していくなかで、従業員相互の関係性が「村社会的なメンバー」から「職務でつながるメンバー」へ変化し、「退職者＝裏切者」という意識が薄れてきたことも背景の1つである。

◆アルムナイのネットワーク形成支援

単にアルムナイの再雇用を解禁するだけではなく、アルムナイのネットワーク形成を積極的に支援する企業も増えている（図表62②）。

具体的には、アルムナイ間のコミュニケーション手段や機会を意図的に提供したり、アルムナイネットワークに対して会社の情報等を提供したりするような試みがある。事例は少ないものの、企業によっては、アルムナイに対して一定期間の「カムバック保証」を与えることもある。

アルムナイのネットワーク形成を通じて、アルムナイは元の会社に対する「社外ファン」となる。アルムナイにとっては「以前の勤務先が、次の転職有力候補先」と認識できるようになり、会社にとってはアルムナイネットワークが「有望な採用候補者プール」として機能するようになること

で「カムバック採用」の可能性が高まる。カムバック採用はジョブ型雇用の欧米企業では珍しくないものであり、日本企業でも今後ますます増加するものと予想される。

図表62　アルムナイとカムバック採用

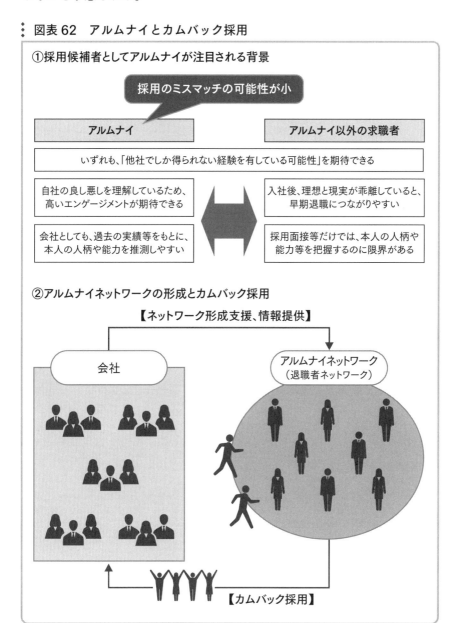

63 雇用管理④

副業・兼業
解禁する企業は増加傾向にあるが、労働時間管理に課題

◆**副業・兼業解禁**

　多くの企業では、これまで長きにわたり社員が他社で副業・兼業することを禁止してきた。職務専念義務、秘密保持義務などの服務規律との折り合いが難しいためである。

　しかし、近年、知識・スキルの蓄積効果や優秀人材の離職防止など、副業・兼業のメリットが広く認識されるようになってきた（図表63①）。経団連の調査によれば、実に7割超の企業が社外での副業・兼業を認めているか、認める予定であるという（日本経団連「副業・兼業に関するアンケート調査結果（2022年）」）。また、厚生労働省が公表しているモデル就業規則でも、従業員は副業・兼業を行うことができる旨が明示されている（図表63②）。

◆**副業・兼業の課題**

　副業・兼業を推進する上で課題となるのが労働時間管理である。

　労基法38条1項は「労働時間は、事業場を異にする場合においても、労働時間に関する規定の適用については通算する」としている。これは事業主が異なる場合にも適用される。このため、社員が副業・兼業する場合には、副業・兼業先の勤務実態を把握した上で時間通算を行い、時間外労働の上限規制を遵守しなければならない。時間外・休日労働の上限規制を守ることを前提に、簡便な労働時間管理の方法（管理モデル）も厚労省から提示されているものの、煩雑であることに変わりはない。

　こうした状況を踏まえ、労基法が適用されない業務委託契約に限って副業・兼業を認める企業も多い。しかし、業務委託契約に限ってしまうと、副業・兼業できる業務が著しく限定されてしまう。例えば、「得意のプログラミングを活かして、IT企業からプログラム開発を請け負う（業務委託契約）」などの働き方は可能だが、「所得補填のため終業後に近所のスーパーでアルバイトをする（雇用契約）」というのは認められない（図表63③）。

　「副業・兼業を解禁したが、ごく一部の社員しか恩恵を受けられない」ということにならないよう、慎重な制度設計が必要となる。

図表 63　副業・兼業

①企業側からみた副業・兼業

メリット	● 労働者が社内では得られない知識・スキルを獲得することができる ● 労働者の自律性・自主性を促すことができる ● 優秀な人材の獲得・流出の防止ができ、競争力が向上する ● 労働者が社外から新たな知識・情報や人脈を入れることで、事業機会の拡大につながる
留意点	● 必要な就業時間の把握・管理や健康管理への対応、職務専念義務、秘密保持義務、競業避止義務をどう確保するかという懸念への対応が必要である

厚生労働省「副業・兼業の促進に関するガイドライン」（令和4年7月改定）p.4 をもとに筆者作成

②厚生労働省モデル就業規則（令和5年7月版）抜粋

（副業・兼業）
第70条　労働者は、勤務時間外において、<u>他の会社等の業務に従事することができる</u>。
2　会社は、労働者からの前項の業務に従事する旨の届出に基づき、当該労働者が当該業務に従事することにより次の各号のいずれかに該当する場合には、これを禁止又は制限することができる。
　① 労務提供上の支障がある場合
　② 企業秘密が漏洩する場合
　③ 会社の名誉や信用を損なう行為や、信頼関係を破壊する行為がある場合
　④ 競業により、企業の利益を害する場合

（注）下線は筆者によるもの

③雇用型と業務委託型

副業・兼業の態様	メリット	デメリット
雇用契約	● 実施可能な副業・兼業の種類が飛躍的に拡大し、従業員の幅広いニーズに応えることができる	● 労働時間の通算や割増賃金の支払いなど、労務管理が煩雑になる
業務委託契約	● 会社側の労務管理負荷が軽減される	● 副業・兼業可能な仕事の範囲が一定範囲に限定される（通常、定型業務は対象から除外される）

64 雇用管理⑤

多様な正社員

人材獲得競争激化の中での正社員待遇で働き方の制約を緩和した制度

◆注目が集まる多様な正社員

就労意識が多様化している。社命に応じていつでも、どこへでも配置転換することを前提とした働き方ではなく、特定の職務や時間帯、場所で働き続けることを希望する人が増えているのである。

かつて、こうした働き方は非正規社員が担うケースが多かった。しかし、現在では、同一労働同一賃金の考え方のもと、正規・非正規の不合理な待遇格差は許されなくなっている。また、人手不足が続くなか、非正規待遇では優秀な人材を確保することが難しい。このため、正社員待遇としつつ、職務内容や勤務時間、就労場所等の制約を緩和した働き方を許容する多様な正社員制度に注目が集まっている（図表64①）。

◆転勤忌避問題を解決する地域限定社員

多様な正社員の中で、特に注目が集まっているのが地域限定社員である。その背景に若年層を中心とした転勤忌避傾向がある。最近は「転勤がある企業」というだけで学生から敬遠されるようになっている。また、転勤がある前提で入社したにもかかわらず、実際に転勤命令を出したところ、本人が拒絶した（あるいは会社を辞めてしまった）というケースも頻発している。

地域限定社員制度の肝になるのが賃金設計である。地域限定社員の賃金は通常（全国型）の社員よりも若干低めに設定されることが多い。全国型の社員は転勤命令を受けるリスクを背負っているためである（転勤可能性への補償）。しかし、全国型であるにもかかわらず実際にはほとんど転勤しない社員も一定数存在し、地域限定型社員からみると「転勤していないのに自分より賃金が高いのはおかしい」という不公平感が生じやすい。

こうした不満を解消すべく、ベースとなる賃金は同一とし、転勤事実が実際に生じた場合に加給するポリシー（転勤事実への補償）に転換する（もしくは「転勤可能性への補償」と併用する）会社も現れている（図表64②）。

人材獲得競争が激化するなか、多様な正社員の獲得・定着促進に向けて、各社で知恵を絞る時代になっている。

図表64 多様な正社員

①正社員と多様な正社員

[いわゆる正社員]　　　　　　　　　　　　　　　　　　　　　　　　すべて無制限

種類	内容	例
正社員	職務無限定、勤務地無限定、フルタイム勤務を前提とする	総合職

[多様な正社員]　　　　　　　　　　　　　　　　「仕事」「時間」「場所」のいずれかが限定

種類	内容	例
職務限定型	他職種への配置転換を行わず、職務内容が特定の業務に限定される	DX専門職 介護専門職　など
短時間型	通常の正社員（フルタイム正社員）と比較して、所定労働時間が短い	1日4時間勤務 週3日勤務　など
地域限定型	転居を伴う配置転換を行わない、もしくは、配置転換が一定のエリア内に限定される	関東エリア限定 東京23区限定　など

留意点

> 本人の担当職務がなくなったり拠点が廃止されたりした場合であっても直ちに解雇できるわけではなく、**配置転換など解雇回避のための措置をとることが求められる**

②地域限定型の賃金設計の考え方

● 転勤可能性(potential)への補償

実際の転勤有無にかかわりなく、全国異動型の総合職の賃金は永続的に高水準で支給し続ける

● 転勤事実(fact)への補償

転勤した社員に対し、3～5年程度、転居手当を支給する。期間満了後はその勤務地での生活が定着したとみなして転居手当の支給を停止する
ただし、再び異動すれば転居手当が復活する

65 労働・社会保険①

労働保険（雇用保険・労災保険）
雇用の安定や労災補償に関する保険制度

◆雇用保険の概要

雇用保険は、労働者の生活や雇用の安定、就職促進のための「失業等給付」の支給、労働者が育児休業した際の収入を補うための「育児休業給付」の支給などを行う制度である。政府が管掌し、適用事業所の使用者は原則被保険者となる。ただし、1週間の所定労働時間が20時間未満の者（令和10年10月からは「10時間未満の者」）など、雇用保険法6条に定める適用除外に該当する者は対象外となる。保険料は賃金額に雇用保険率を乗じることで決定し、事業主と労働者双方が負担する（負担額は事業主のほうが大きくなる）。

雇用保険の保険給付は主に失業等給付と育児休業給付があり、その概要は図表65①のとおりである。

◆労災保険の概要

労災保険制度は、主に業務または通勤による労働者の傷病等（労災）に対して、必要な保険給付などを行う制度である。適用事業所の使用者は、短時間労働者や日雇労働者も含めて全員が被保険者となる（所定労働時間等による除外要件はない）。保険料は賃金額に労災保険率を乗じることで決定し、事業主が全額負担する。

労災は、「業務災害」「通勤災害」「複数業務要因災害」の3種類ある。

業務災害は業務が原因となって生じた災害を指し、「労働災害の発生時に事業主の支配下にあったか（業務中であったか）」や、「業務と災害の間に因果関係があったか」により判断される。通勤災害は通勤途中に発生した災害を指す。通勤とは、「自宅と職場の往復」「単身赴任の場合の赴任先の家と、家族の住む自宅の往復」「2つの職場で働く場合の職場間の移動」を合理的な経路と方法による場合に認められる。複数業務要因災害は複数の会社で働く労働者の複数業務が原因となって生じた災害を指す。労災認定にあたっては、複数の会社の業務上の負荷を総合的に評価して判断する。

労災保険給付は、労災による傷病等の状況によって給付内容が決まり、その概要は図表65②のとおりである。

図表 65　労働保険（雇用保険・労災保険）

①雇用保険給付の概要

種類	名称	概要
失業等給付	求職者給付	●労働者が失業した場合、生活保障などを行うための給付金を被保険者の種類に応じて支給
	就職促進給付	●失業中で求職者給付を受給している人に、再就職を支援するための給付金等を支給
	教育訓練給付	●厚生労働大臣の指定する教育訓練を受け、修了した場合に訓練費用の一定割合を支給
	雇用継続給付	●60歳到達時点の賃金からの低下分の一定割合を支給（高年齢雇用継続給付） ●介護休業した労働者に、賃金の一定割合を支給（介護休業給付）
育児休業給付		●育児休業間中の賃金額補償として、休業前賃金の一定割合を支給

出所：厚生労働省「雇用保険制度の概要」

②労災保険給付の概要

	労災による傷病等	名称	概要
①	負傷・疾病を治療する場合	療養（補償）等給付	労災病院・労災保険指定医療機関での治療を受けられる ※労災病院・労災保険指定医療機関以外で治療を受けた場合は療養の費用を給付
②	傷病の療養のために休業する場合	休業（補償）等給付	休業期間中の賃金額補償として支給（1日単位）
③	療養開始後1年6か月経っても傷病が治癒しない場合	傷病（補償）等年金	障害の程度に応じて、休業等給付に変わって支給（1年単位）
④	傷病が治癒してから身体障害が残った場合	障害（補償）等給付	生活保障として、障害の程度に応じて年金・一時金を支給
⑤	③④により介護を受けている場合	介護（補償）等給付	介護サービス事業者に払った実費額などを支給
⑥	労働者が死亡した場合（遺族への補償）	遺族（補償）等給付	遺族の生活保障として年金・一時金を支給
⑦	労働者が死亡した場合（葬祭料等）	葬祭給付	死亡した人の葬祭を行う場合の葬祭料として一定額を支給

出所：厚生労働省「労災保険給付の概要」

66 労働・社会保険②

社会保険（健康保険・厚生年金保険）
疾病・出産・死亡時や老後の所得補償等に関する保険制度

◆健康保険の概要

　健康保険は、労働者やその扶養家族の労災以外の病気、ケガ、出産または死亡に関する保険給付などを行う制度である。

　健康保険は事業所単位で適用され、適用事業所で使用されている人は原則被保険者となる（健康保険法第3条に定める適用除外者は除く）。

　被保険者やその扶養家族は、病気やケガをしたときなどに必要な給付を受けることができる。保険料は、事業主と労働者が1/2ずつ負担する。毎月、労働者負担分を給与から控除し、事業主が翌月末日までに事業主負担分とあわせて納付する。保険料の額は被保険者の標準報酬月額をもとに算出される。標準報酬月額とは、保険料の算出のために用いるその人の仮の報酬額であり、被保険者ごとの報酬月額に応じて決定される。

　健康保険の保険給付は傷病・出産・死亡に関する給付などがあり、その概要は図表66①のとおりである。

◆厚生年金保険の概要

　厚生年金保険は、労働者の老齢、障害または死亡に関する保険給付などを行う制度であり、日本の公的年金制度の2階部分に該当する。1階部分である国民年金制度は、20歳以上のすべての国民が原則加入し、基礎年金の給付を行うのに対して、厚生年金保険は主に会社員を対象とした年金制度であり、基礎年金の上乗せとして支給される。

　厚生年金保険は事業所単位で適用され、適用事業所で使用されている70歳未満の人は原則被保険者となる（厚生年金法12条に定める適用除外者は除く）。保険料は、健康保険と同じく事業主と労働者が1/2ずつ負担し、保険料納付も健康保険と同様の方法で事業主が納付する。

　厚生年金保険の保険給付は、老齢や障害、遺族に対するものがあり、その概要は図表66②のとおりである。

図表66　社会保険（健康保険・厚生年金保険）

①健康保険給付の概要

種類		名称 （被保険者）	概要
傷病	治療を受けるとき	療養の給付	医療保険機関に、保険証を提出し一部負担金を支払うことで治療を受けることができる
		入院時食事療養費	入院時に食事の給付が受けられる（一部を被保険者負担）
		入院時生活療養費	65歳以上の人が入院した場合に、入院時に要した生活療養費用を支給（一部を被保険者負担）
		保険外併用療養費	保険外診療を含む治療のうち、通常の治療と共通する部分の費用を支給（一部を被保険者負担）
		訪問看護療養費	自宅療養者が訪問看護ステーションの訪問看護師から療養上の世話などを受けた場合の費用を支給
	立て替え払いのとき	療養費	やむを得ない事情で、自費で受診した場合など特別な場合に、立て替えた費用に対する療養費を支給
		高額療養費	治療が長引く場合など、医療費の自己負担額が高額となり、一定金額を超えた場合、超えた部分の払い戻しを行う
		高額介護合算療養費	健康保険と介護保険の自己負担額の1年間の合計が、一定金額を超えた場合、超えた部分の払い戻しを行う
	緊急時などに移送されたとき	移送費	病院への移送にかかった費用を支給
	療養のために会社を休んだとき	傷病手当金	傷病休業中に休んだ期間の生活保障として支給
出産		出産育児一時金	出産した際の一時金として支給
		出産手当金	出産のために会社を休んだ期間の生活保障として支給
死亡		埋葬料	被保険者に生計を維持されていた人に対して支給

全国健康保険協会HP「保険給付の種類と内容」をもとに筆者作成
https://www.kyoukaikenpo.or.jp/g7/cat710/sb3160/sb3170/

②厚生年金保険給付の概要

種類	保険給付		概要
老齢	老齢厚生年金	本来の老齢厚生年金	民間企業などに雇われて働いている人で、原則65歳になってから、老齢基礎年金に上乗せする形で支給
		特別支給の老齢厚生年金	昭和36年（女性は昭和41年）4月1日以前に生まれた人で、一定の受給資格を満たしている場合、60歳〜65歳の間に支給
障害	障害厚生年金		一定の要件を満たしている場合、障害等級1〜3級の人に対して支給
	障害手当金		障害の程度が3級より軽い場合、障害厚生年金の代わりに一時金として支給
遺族	遺族厚生年金		一定の要件を満たしている場合、死亡した人に生計を維持されていた遺族に対して支給

厚生労働省HP「年金制度の仕組み」をもとに筆者作成
https://www.mhlw.go.jp/stf/nenkin_shikumi.html

第4章　人事部の年間活動スケジュールと実務

183

福利厚生①

福利厚生の意義と法定福利・法定外福利

福利厚生はすべての社員の公平と平等を図るために設計される

◆**福利厚生の意義**

企業における福利厚生は、国家における社会福祉に類似した機能を有している。社会福祉制度が市場競争や社会的リスクに対するセーフティネットとしての役割を担うのと同じく、一般に福利厚生制度はすべての社員の公平と平等を意識して制度設計される。

福利厚生は安心して働くための基盤を提供するものであり、従業員の確保、定着、勤労意欲の向上などの人事管理を円滑に進める上で、欠くべからざる意義を有している。

◆**法定福利と法定外福利**

一般に、福利厚生は「法定福利」と「法定外福利」に区分される(図表67①)。

法定福利とは、労働保険、社会保険など、社員を雇い入れて事業を行う場合に法令で義務付けられている福利厚生を指す。

一方、法定外福利とは、住宅支援(例:社宅・寮の提供)、医療補助(例:人間ドック受診補助)、休暇付与(例:特別休暇の付与)など多岐にわたる。

◆**福利厚生の内訳**

経団連の調査によれば、企業の福利厚生費のうち、法定福利費が8割弱、法定外福利費が2割強を占めている(図表67②)。圧倒的に法定福利の割合が高いが、とりわけ社会保険(健康保険・介護保険・厚生年金保険)の負担が重いためである。

一方、法定外福利費の内訳をみると、住宅・持家の援助など住宅支援の割合が高い(図表67③)。衣・食・住のうち、我が国の場合ではとりわけ大都市圏を中心に「住」の負担が大きいことがその背景にある。また、近年は共働き世帯の増加に伴い、介護や育児支援サービスなどのライフサポートの割合が増大傾向にある。多様化する従業員ニーズを反映し、福利厚生のあり方も少しずつ変化しているのである。

図表67 福利厚生の意義と法定福利・法定外福利

①法定福利と法定外福利

種類	定義	例
法定福利	法令によって企業に義務付けられている福利厚生	雇用保険、労災保険、健康保険、厚生年金保険など
法定外福利	企業の判断により任意に従業員に提供する福利厚生	社宅・寮、食事補助、慶弔見舞金、レクリエーション活動補助、財産形成支援など

②福利厚生費の割合

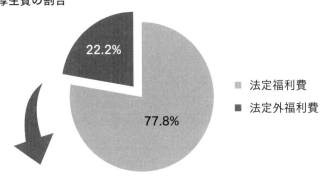

③法定外福利費の支出別構成割合

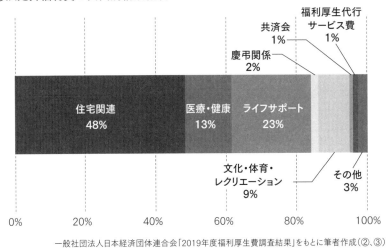

一般社団法人日本経済団体連合会「2019年度福利厚生費調査結果」をもとに筆者作成(②、③)

68 福利厚生②

住宅支援策・カフェテリアプラン
安心して職務に励むことができるようにするための従業員支援施策

◆安心して職務に励むための住宅支援策

　前項で概観したとおり、企業の福利厚生（法定外福利）の中核を占めるのは今も昔も住宅支援策である。学校を出て就職し、家元から離れてひとり暮らしする場合、初任給の中から家賃を捻出するのは難しいかもしれない。また、会社から急な転勤を命ぜられた場合、赴任地で住宅を見つけるのは困難な場合が多い。このような場合に会社から独身寮や社宅が提供されれば、住宅のことを気にすることなく安心して職務に励むことができる。

　独身寮や社宅などの現物給付でなく、家賃補助や住宅手当の形で現金補助を行う会社も少なくない。また、金融機関と提携し、社員が住宅を購入する際に有利な条件で融資を受けられる仕組みを導入する会社もある。

　住宅をめぐる問題は働き手のニーズの核心を突くだけに、さまざまな施策が各社各様に提供されている（図表68①）。

◆さまざまな福利厚生メニューから選べるカフェテリアプラン

　従業員の就労意識やキャリア志向が多様化している。住宅支援ニーズが高いのは確かだが、社員によっては、スキルアップのための自己啓発や育児・介護を支援してくれるとありがたいと感じる人もいるだろう。

　カフェテリアプランは多様化する社員ニーズに対応する施策であり、用意されたさまざまな福利厚生メニューから従業員が自由に選択・利用できる仕組みである（図表68②）。

　カフェテリアプランのもとでは、社員に毎年一定のポイントが付与される（1ポイント＝100円などのポイント単価を設定）。そのポイントを利用して、社員はさまざまなメニューの中から自分のニーズに応じてサービスを利用できる。また、会社が自己啓発を手厚く支援したいと考える場合には、ポイント単価を優遇する（例：単価を1ポイント＝120円に引き上げる）ことで、教育訓練に向けたインセンティブを創出することも可能である。

　多種多様なメニューからの運営には相当の手間がかかることから、外部の専門サービス事業者に委託するケースが大半である。

図表68 主な法定外福利

①住宅支援施策の種類

種類	内容	給付形態
独身寮/社宅制度	社有または借上社宅を社員に安価で貸与する制度。入居の年齢上限等を設ける場合が多い	現物給付
家賃補助制度	社員が賃借する住宅の家賃の一部を補助する制度	現金給付
住宅手当	地域や世帯構成（世帯主/非世帯主）、住居形態（持ち家・賃貸）等の区分に応じて一定の手当を支給する制度	現金給付
住宅融資制度	社員が住宅を購入する際、市場よりも好条件で融資する制度	現金給付（低利融資）
持ち家の借上制度	転勤等で一時的に空き家となった従業員の持ち家を会社が一定期間有償で借り上げる制度	現金給付

借上社宅制度がポピュラーな住宅支援制度。社有社宅制度は、施設の老朽化に伴う維持管理費の増大、固定資産税の問題等があり、漸減傾向にある

②カフェテリアプラン（イメージ）

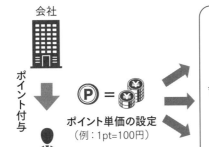

育児サービス　レジャー/旅行　自己啓発

医療サービス　健康・運動　住宅支援

ポイントを使って自由にメニューを選択
ポイント単価優遇によるインセンティブ付与も可
（例：自己啓発の単価を100円→120円に優遇）

69 労働組合と労使関係①

団結権と労働組合法
労働者は団結して労使対等の交渉力を獲得する権利を有する（団結権）

◆団結権と労使交渉

　通常、一人ひとりの労働者と会社の力関係は対等ではない。そこで、労働者が団結し労働組合を結成することで労使対等の交渉力を獲得する権利として、「団結権」が認められている（図表69①）。

　こうした考えに基づき、欧米諸国では19世紀後半から20世紀初頭にかけて労働組合法制が整備されていった。日本の場合、戦前は労働組合運動が抑圧されてきたが、戦後の民主化の動きのなかで、1945年に労働組合法（労組法）が、翌46年には労働関係調整法（労調法）が、49年には労働基準法（労基法）が制定され、「労働三法」と呼ばれる法制が整うことになる。

◆労働基準法の労働者、労働組合法の労働者

　労働組合に関する事項は労組法で規定されているが、「労働者」の定義が労基法と若干異なっている点には留意する。

　労基法でいう労働者とは、「職業の種類を問わず、事業又は事務所に使用される者で、賃金を支払われる者」と定義されている。一方、労組法では、「職業の種類を問わず、賃金、給料その他これに準ずる収入によって生活する者」とされている。

　注意深く読まないと何が違うのか見落としてしまうが、労組法の労働者には「事業又は事務所に使用される者」という条件は付されておらず、使用者と直接の雇用関係にない人（例えば失業中の人）であっても「労働者」とみなされうる。

　要するに、労組法のほうが「労働者」の範囲が広いのである（図表69②）。

　このため、事業主と雇用契約を締結しておらず、労基法の保護下にない場合であっても、労働組合資格を有する労働者と認定されることがある。例えば、プロ野球の一軍選手は労基法上の労働者に該当しないと解されているが、日本プロ野球選手会は労働組合資格を有するとされている。

　勤労者の団結権は憲法で保障された権利であり、それが制限される対象は厳格に判断されているのである。

図表 69　団結権と労働組合法

①団結権と労使交渉

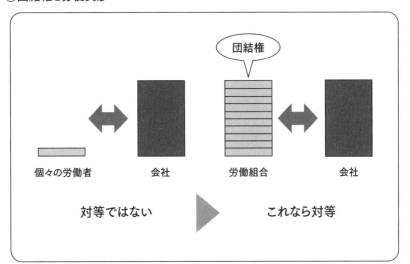

②労働基準法と労働組合法の「労働者」の範囲

労働基準法 (第9条)	職業の種類を問わず、事業又は事務所に使用される者で、賃金を支払われる者
労働組合法 (第3条)	職業の種類を問わず、賃金、給料その他これに準ずる収入によって生活する者

 労組法のほうが「労働者」の範囲が広く、失業者もその範囲に含まれる。雇用契約を締結していない場合でも、労働組合資格を有する労働者と認定されることがある

70 労働組合と労使関係②

労働組合の現状

産業構造の変化等の影響もあり、組織率が低下傾向にある

◆労働組合とは

労組法2条は、労働組合を「労働者が主体となって自主的に労働条件の維持改善その他経済的地位の向上を図ることを主たる目的として組織する団体又はその連合団体」と定義している。（図表70①）

「労働者が主体となって自主的に…組織する」という要件が定められており、役員やそれに準ずる監督的地位にある者など、会社の利益代表者の参加を許す場合はこれに合致しない。

ここでいう「利益代表者」とは労基法における管理監督者よりも狭く、経営層や一部の上級管理職に限られる点に注意が必要である。組合が存在する会社では、初級管理職を含めた管理職全体を非組合員として取り扱う労働協約を締結しているケースがほとんどだが、いわゆる「管理職組合」が社内で結成された場合、会社は交渉義務を負う可能性がある。

◆労働組合の種類と現状

欧米諸国では産業別組合が主流であるが、日本の場合、企業別組合が圧倒的に多い。企業別組合は、企業と労働組合が一種の運命共同体的な関係になるため、協調的・安定的な労使関係の構築に寄与してきた。

企業別に組成される単位労働組合の上部団体として、「単産（産業別単一労働組合）」と呼ばれる産業別の連合体が組織される（UAゼンセン、自動車総連、電機連合など）。さらに、単産が加入する全国レベルの中央組織（ナショナルセンター）が存在する（連合、全労連など）。

厚生労働省「労働組合基礎調査」によれば、令和5年における労働組合の推定組織率（雇用者数に占める労働組合員数の割合）は16.3％であった。高度経済成長期には30％を超えていたから、約半世紀の間に比率が半減したことになる。

産業構造や従業員意識の変化、非正規労働者の増大等がその背景にあると考えられるが、組織率の低下を受け、近年はパートタイマーなどの組織化等を進める労働組合が増えている。

図表 70　労働組合の現状

①労働組合とは

労働組合とは

労働者が主体となつて自主的に労働条件の維持改善その他経済的地位の向上を図ることを主たる目的として組織する団体又はその連合団体（労組法第2条）

　ただし、以下は（労組法上の）**労働組合とはいえない**

① 役員やそれに準ずる監督的地位にある者など、会社の利益代表者が参加している
② 会社から経理上の援助を受けている
③ 共済事業などの福利事業のみを目的としている
④ 主として政治運動や社会運動を目的としている

正当な労働組合活動に対する刑事免責、民事免責などの法的保護

②労働組合の種類

種類	定義	例
単位組合	個々の労働者から構成される労働組合のこと。日本の場合、通常は企業単位で組成される	企業別の労働組合
単産（産業別単一労働組合）	企業別の単位組合が産業ごとに結集した連合体のこと。「産別」ともいう	UAゼンセン 自動車総連 電機連合　など
ナショナルセンター	単産が集合した全国的な中央組織のこと	連合 全労連　など

▶ 令和5年における労働組合の推定組織率は約16％。産業構造の変化等の影響もあり、長期的に低下傾向が続いている

71 労働組合と労使関係③

団体交渉と不当労働行為

労使対立の回避のためにも不当労働行為の成立要件の理解が必要

◆団体交渉（団交）

　経営側が応じるかぎり、理屈上はどのような事項であっても団体交渉（団交）の対象となり得る。しかし、ほとんどの場合、団交の対象は労働条件その他の待遇に関する事項である。

　労働組合から団交の申し入れがあった場合に正当な理由なくしてこれを拒んだり、誠実な交渉を行わなかったりすることは不当労働行為に該当する。（ただし、譲歩して妥結することまで求められているわけではなく、真摯・誠実に交渉した結果、妥結に至らなくても、不当労働行為に問われることはない。）

　交渉が妥結すれば、労使双方が署名または記名捺印した労働協約が作成される。一方、妥結に至らない場合、ストライキなどの争議行為が発生することもある。この場合、当事者間の自主的解決が基本原則となるが、労働委員会によるあっせんなどの調整手続きが整備されている（図表71①）。

◆不当労働行為とその救済

　労働組合法は、使用者が一定の行為を労働者や労働組合に対して行うことを不当労働行為として禁止している。あわせて、不当労働行為が行われた場合の労働委員会による救済制度を定めている。

　不当労働行為となるのは、まず、組合員であることや組合活動を理由とした不利益取扱い（例：降格、左遷など）である。また、組合員にならないこと等を条件とした雇用契約（「黄犬契約」と呼ばれる）も禁止されている。ただし、我が国で多くみられる多数組合との間のユニオン・ショップ協定（組合員であることを雇用条件とする協定）については許容されている。

　このほか、先に述べた団交拒否や、組合の弱体化につながるような干渉行為や経費援助等の懐柔行為も不当労働行為に該当する。さらに、労働者が労働委員会に対して不当労働行為の申し立てをしたこと等に対する報復的不利益取扱いも禁止されている。

　労使対立を不要に先鋭化させないためにも、組合が存在する企業においては、不当労働行為の成立要件を十分に理解しておくことが必要である。

図表71　団体交渉と不当労働行為

①団体交渉の流れ(イメージ)

労働条件その他の労働者の待遇に関する事項の新設・改廃

団体交渉の申し入れ
正当な理由なく会社側が団交申し入れを拒んだ場合は不当労働行為に

団体交渉の実施
会社側は誠実交渉義務を負う(ただし、交渉を妥結させる義務までは負わない)

妥結 / 決裂

労働協約の締結 ／ **争議行為**(ストライキなど)

争議行為 → 当事者間の自主解決／労働委員会による調整

②不当労働行為

不当労働行為(Unfair Labor Practice)　NG！

1. 不利益取扱い／黄犬契約(ただし、多数組合とのユニオンショップ協定の締結は可)
2. 団体交渉の拒否
3. 労働組合への支配介入／経費援助
4. 労働者に対する報復的不利益取扱い

労働委員会による不当労働行為救済制度

第4章　人事部の年間活動スケジュールと実務

人事部コラム④

ビジネスパーソンの
「出世」のゴールや要件が変わる？

◆従来型の「出世」→ゴールは社内ゼネラリスト的な「取締役」

従来型の日本企業における「出世」といえば、「課長昇進→部長昇進→役員（≒取締役）就任→社長就任」というのが典型的なイメージであっただろう。

総合職として入社し、職種を問わずさまざまな経験を積みながらリーダーシップや調整力を身につけ、社内ゼネラリストとして出世の階段を上がることが理想とされてきた。一方で、「出世」にあたって、「専門性の高さ」が最重要視されることは少なかった。

◆今後の「出世」→ゴールは「CxO」で専門性重視

近年の上場企業におけるトレンドの１つに「監督と執行の分離」というキーワードがある。経営を監督する取締役会メンバーのうち、社外取締役の割合が増すことで社内取締役のポストは減少すると予測されている。

代わりに、執行側では「CxO（Chief x Officer：x業務に関する最高責任者）」により構成される執行役員制度の導入が進みつつあり、これが今後の「出世のゴール」になるかもしれない。

CxOの具体例として、「CEO（Chief Executive Officer：最高経営責任者）」を筆頭に、CFO（Chief Financial Officer：最高財務責任者）、「CHRO（Chief Human Resource Officer：最高人材マネジメント責任者）、CTO（Chief Technical Officer：最高技術責任者）、CIO（Chief Information Officer：最高情報責任者）がある。CxOの選任にあたっては、経営者としての素質に加えて責任業務に関する高度な専門性が重要視される。

もし、「社内での出世（最終的にはCxO）」を目指すのであれば、自身のキャリアの核となる「専門性」を確立することが大切になる。本章で紹介したジョブ型の導入や雇用管理の多様化の流れは、「専門性」を重視したキャリア開発の実現の観点からも追い風になるだろう。

一方で、これまで社内ゼネラリストとして成長してきた場合には、自身のキャリア開発計画を修正し、思い切ったリスキリングを検討する必要があるかもしれない。

第 **5** 章

人事部員に必要な法務知識

72

労働基準法
労働者保護を目的として、労働条件の最低基準を定めた法律

◆法律の趣旨

　労働基準法（以下、労基法）は労働条件の最低基準などを定める法律として、1947年に制定された。職場で最低限守らなければならない基準を定め、労働者の保護を図ることを主な目的としている。仮に、企業が労基法を下回る労働条件を定めた場合は、下回る部分の条件は無効となり、労基法の条件が適用されることとなる。ここでは、労働契約、賃金、就業規則、年少者・女性に関する労基法上の規定について概説する（労働時間、休日については［52 労働時間管理① 法定労働時間と時間外労働］参照）。

◆労働契約に関する規定

　労働契約は、期間の定めがあるものとそうでないものがあり、期間の定めがあるものを「有期労働契約」、定めがないものを「無期労働契約」と呼ぶ。有期労働契約の場合、1回の契約期間の長さは図表72-1①の例外を除き、原則「3年」が限度とされている。

　労働契約を締結する際には、使用者は一定の事項を労働者に明示する義務がある。その内容は、必ず明示しなければならない「絶対的明示事項」と、その事項に関する定めがある場合には明示しなければならない「相対的明示事項」がある（図表72-1②）。絶対的明示事項のうち、昇給に関する事項以外は、原則、書面の交付により労働者に明示する。ただし、労働者が希望した場合には、電子メールやFAXなどの方法により明示することも可能である。

　使用者が一方的に労働契約を解除することを「解雇」と呼ぶ。労基法では「労災休業期間とその後30日間」および「産前産後休業期間とその後30日間」を解雇制限期間としており、その期間は原則解雇をすることができない（図表72-1③）。また、使用者が労働者を解雇しようとする場合、解雇日の30日前に解雇の予告をするか、平均賃金30日分の解雇予告手当を支給する必要がある。なお、解雇日までの日数が30日未満の時点で解雇予告した場合には、30日に満たない日数分の解雇予告手当の支給が必要となる。

①正社員と多様な正社員

図表 72-1　労働基準法

①契約期間の例外

例外	期間
高度の専門的知識、技術、経験を有する労働者でその知識が必要である業務に就く場合の労働契約	5年まで
満60歳以上の労働者との労働契約	5年まで
一定の事業の完了に必要な期間を定める労働契約	必要な期間として定めた期間

②労働条件の明示義務（労基法15条）

種類	事項	書面交付
絶対的明示事項	労働契約の期間	○
	有期労働契約を更新する場合の基準（更新上限の有無とその内容を含む）	○
	就業の場所および従事する業務の内容（変更の範囲含む）	○
	始業および終業の時刻、所定時間外労働の有無、休憩時間、休日、休暇	○
	賃金の決定・計算・支払いの方法	○
	昇給に関する事項	―
	賃金の締切・支払い時期	○
	退職に関する事項	○
相対的明示事項	退職手当に関する事項	―
	臨時に支払われる賃金、賞与および最低賃金額に関する事項	―
	労働者に負担させるべき食費、作業用品その他に関する事項	―
	安全・衛生に関する事項	―
	職業訓練に関する事項	―
	災害補償、業務外の傷病扶助に関する事項	―
	表彰、制裁に関する事項	―
	休職に関する事項	―

③解雇制限期間

労災休業 or 産前産後休業期間	＋30日

← 解雇は不可 →

第5章　人事部員に必要な法務知識

◆賃金に関する規定

　労基法における賃金は、「賃金、給料、手当、賞与その他名称の如何を問わず、労働の対償として使用者が労働者に支払うすべてのもの」（労基法11条）とされている。給料、諸手当、賞与だけでなく、就業規則や労働協約で支給条件が明確になっている場合は、退職金や慶弔見舞金なども賃金となる。賃金の支払方法については、労基法24条に5つの原則が規定されている。企業は図表72-2①の原則に則った賃金支払を行う必要がある。

◆就業規則に関する規定

　常時10人以上の労働者を使用する場合は「就業規則」を作成し、労働基準監督署へ届け出る義務がある。就業規則の作成にあたっては、労働者の過半数で組織する労働組合または労働者の過半数を代表する者の意見を聞く必要がある。なお、あくまで意見を聞くのみでよく、仮に同意されなかった場合であっても、就業規則は有効となる。

　就業規則は、法令または労働協約に反する内容とすることはできない。就業規則に法令や労働協約に反する内容を定めた場合、その部分は無効となる。なお、労働関係法令、労働協約、就業規則、労働契約の効力関係は図表72-2②のとおりとなる。

◆年少者・女性に関する規定

　労基法では、中学校卒業前までの者を「児童」とし、児童を使用することは禁止している。また、満18歳未満の者を「年少者」とし、年少者に時間外労働や休日労働、午後10時から午前5時までの深夜労働をさせることも禁止している。

　女性については、産後8週間を経過しない女性を就業させることはできない。これを「産後休業」といい、労働者から請求がない場合であっても必ず休業させる必要がある（ただし、産後6週間経過後からは労働者が請求すれば就業可能）。また、6週間以内に出産予定のある女性が休業を請求した場合も、就業させることができない。これを「産前休業」という。産前休業の場合は、労働者から請求がない場合には休業させる義務はない。

　その他、妊娠中の女性および産後1年を経過しない女性（「妊産婦」という）が請求した場合は、時間外労働・休日労働・深夜労働をさせることを禁止する規定等もある。

図表 72-2　労働基準法

①賃金支払い方法の原則（労基法24条）

原則	内容	例外となる場合
通貨払い	通貨で支払わなければならない	● 労働協約の定めによる 現物給与 ● 労働者の合意がある場合の口座振込やデジタル払い　など
直接払い	直接労働者に支払わなければならない	● 労働者の使用者への支払い
全額払い	全額を支払わなければならず、一部を控除して支払うことはできない	● 税金、社会保険・労働保険料の控除 ● 労働協約等で定めがある場合の控除（労働組合費など）　など
毎月払い	毎月1回以上支払わなければならない	● 臨時に支払われる賃金 ● 賞与　など
一定期日払い	周期的にくる一定の期日を定めて支払わなければならない 例）毎月25日払いなど	―

②効力関係

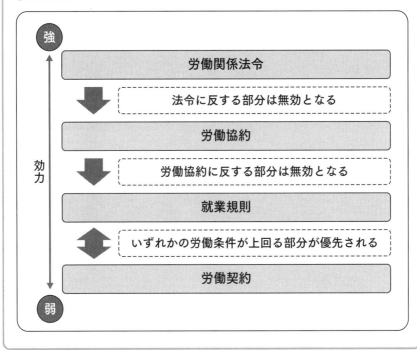

73 労働契約法①

労働契約の原則・成立および変更
労働契約に関するルールを体系的に定めた労働契約法

◆法律の趣旨

労働契約法（以下、労契法）は2007年に制定された。当時、労働契約に関するルールを定めた体系的な法律は存在しなかったため、それまでの労働契約に関する判例法理を法律として体系化したのが労契法である。

使用者・労働者にルールに沿った合理的な行動を促し、労働者の保護と労使間のトラブルを未然に防止することを目的としている。

◆労働契約の原則等

労働者と使用者では交渉力に差があることや、契約内容が不明確なことがある。そのため、労契法3条では、労働契約の基本的な理念などを示す5つの原則を規定している（図表73①）。

また、労働契約が締結されると使用者には労働者の「安全配慮義務」が発生する。使用者は、労働契約の内容として具体的に定めていなくても、労働者の生命・身体等の安全を確保できるように配慮をすることが求められる。「配慮」の具体的な内容は一律に決まっているものではなく、労働者の職種や労務提供場所などの具体的な状況に応じて必要な配慮をする必要がある。

◆労働契約の成立

労働契約は、「労働者が使用者に使用されて労働し、使用者がこれに対して賃金を支払うことについて、労働者及び使用者が合意することによって成立する。」（労契法6条）とされている。契約内容に関する書面の交付がなかった場合や、労働条件を詳細に定めなかった場合であっても、双方の合意があれば労働契約は成立する。その場合、①合理的な労働条件が定められている就業規則があり、②就業規則が労働者に周知されていれば、就業規則で定める労働条件が個々の労働契約の内容となる。

なお、労働契約で就業規則を上回る労働条件を合意していた場合は、その部分については労働契約が優先される（図表73②）。

200

◆労働契約の変更

　労働条件は、労働者と使用者の合意によって変更が可能である。労働者の合意がなく、就業規則の変更により労働条件を変更する場合、労働者の不利益になるような労働条件の変更は行えない。ただし、①変更後の就業規則を労働者に周知し、②就業規則の変更が合理的である場合には、例外的に就業規則変更による労働条件の変更が認められる。

　なお、変更が合理的かどうかは「労働者の受ける不利益の程度」「労働条件の変更の必要性」「変更後の就業規則の内容の相当性」「労働組合等との交渉の状況」「その他就業規則の変更に係る事情」などを勘案して総合的に判断される。

図表 73　労働契約の原則・成立および変更

①労働契約の原則

原則	内容
労使対等の合意原則	労働契約の締結・変更にあたっては、労働者及び使用者が対等の立場で合意するべきである
均衡考慮の原則	労働契約の締結・変更にあたっては、就業の実態に応じて、均衡を考慮すべきである
仕事と生活の調和への配慮の原則	労働契約の締結・変更にあたっては、仕事もそれ以外の生活も充実できるよう配慮するべきである
信義誠実の原則	労働者及び使用者は、労働契約を遵守するとともに、信義に従い誠実に権利を行使し、義務を履行しなければならない
権利濫用の禁止の原則	労働者及び使用者は、労働契約に基づく権利の行使にあたって、それを濫用してはならない

出所：厚生労働省「労働契約法のあらまし」

②労働者の労働条件決定方法

	方法	労働者の労働条件
労働契約	労働契約成立時に個別の合意により労働条件を決定する	●個別に合意した内容
就業規則	次の2つの要件を満たす就業規則に労働条件を定める ①合理的な労働条件が定められている就業規則である ②就業規則を労働者に周知している	●就業規則に定める内容
労働契約＆就業規則	労働契約で、就業規則と異なる労働条件について合意する	●就業規則を上回る部分は労働契約で合意した内容 ●その他は就業規則の内容

74 労働契約法②

有期労働契約

有期労働契約者は契約終了時のトラブル防止を図る必要がある

◆**有期労働契約者に関する規定（解雇制限・雇止め）**

有期労働契約の場合、予期せぬ契約の終了による労働者への影響が大きいことから、特に契約終了時のトラブル防止を図る必要がある。

労契法17条では、使用者はやむを得ない事由がある場合を除き、契約期間満了までの間に有期契約労働者の解雇はできない旨を定めている。

また、有期契約の期間満了時に使用者が契約更新を拒否する「雇止め」についても制限を設けている。

労契法19条では、労働者が雇止めに対して契約更新の希望をした場合、①雇止めすることが実質的に解雇と同視できる場合、または②有期労働契約が更新されると期待する合理的な理由があると認められる場合には、雇止めは無効となる旨を定めている。①もしくは②の要件に該当するかどうかは、契約関係の状況などを総合的に考慮して個々の事例ごとに判断される（図表74①）。

なお、以下のa～cの要件に該当する有期契約労働者の雇止めを行う場合は、少なくとも契約の期間が満了する日の30日前までに、その予告をする必要がある。

a. 有期労働契約が3回以上更新されている場合
b. 1年以下の契約期間の労働契約が更新または反復更新され、最初に労働契約を締結してから継続して通算1年を超える場合
c. 1年を超える契約期間の労働契約を締結している場合

雇止め不安の解消に向けては、「無期転換ルール」を労契法18条で定めている。無期転換ルールとは、同一の使用者との間で有期労働契約が通算5年を超える場合、労働者が申し込みをすれば、期間の定めのない労働契約（無期労働契約）に転換できるというものである（図表74②）。

無期転換は労働者が申し込んだ時点で、その時点の有期労働契約の契約満了日の翌日を始期とする無期労働契約が成立する。そのため、使用者は無期転換申込を拒否することはできない点に注意が必要である。

図表74 有期労働契約

①雇止めの合理性判断の要素

判断要素	具体例
業務の客観的内容	● 従事する仕事の種類・内容・勤務の形態(業務内容の恒常性・臨時性、業務内容についての正社員との同一性の有無等)
契約上の地位の性格	● 地位の基幹性・臨時性(嘱託・非常勤講師等) ● 労働条件についての正社員との同一性の有無
当事者の主観的態様	● 継続雇用を期待させる当事者の言動・認識の有無・程度等(採用に際しての雇用契約の期間や、更新ないし継続雇用の見込み等についての雇主側からの説明等)
更新の手続・実態	● 契約更新の状況(反復更新の有無・回数、勤続年数等) ● 契約更新時における手続の厳格性の程度(更新手続の有無・時期・方法、更新の可否の判断方法等)
他の労働者の更新状況	● 同様の地位にある他の労働者の雇止めの有無等
その他	● 有期労働契約を締結した経緯 ● 勤続年数・年齢等の上限の設定等

出所:厚生労働省「有期労働契約の締結、更新及び雇止めに関する基準について」p.4

②無期転換ルール

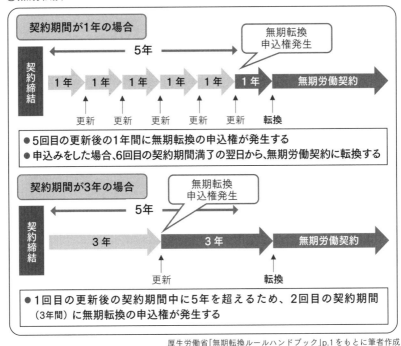

厚生労働省「無期転換ルールハンドブック」p.1をもとに筆者作成

75 パートタイム・有期雇用労働法①

パート社員と有期社員の法律上の保護
正規・非正規間の公正な待遇の実現を目的とした法律

◆**法律の趣旨**

パートタイム・有期雇用労働法(「短時間労働者及び有期雇用労働者の雇用管理の改善等に関する法律」。以下、パ有法)は、パートタイム労働者や有期雇用労働者の適正な労働条件の確保や雇用管理の改善などにより、働きや貢献に応じた公正な待遇を実現することを目的とした法律である。

◆**労働者の定義**

パ有法では、「パートタイム労働者(=短時間労働者)」および「有期雇用労働者」が法の対象となる。

パートタイム労働者(以下、パート社員)とは、同一の事業主に雇用される通常の労働者よりも1週間の所定労働時間が短い労働者をいう。また、有期雇用労働者(以下、有期社員)とは、事業主と期間の定めのある労働契約を締結している労働者をいう。社内の呼び方にかかわらず、この条件に当てはまる労働者はパ有法の対象となる。

なお、通常の労働者とは、いわゆる正規型の労働契約を結んでいる社員(正社員)と無期雇用契約を締結しているフルタイム労働者を指す。

◆**労働条件の文書による明示・説明義務**

労働契約締結時には一定の事項を書面の交付などにより明示することが労基法15条に定められている([72 労働基準法]参照)。パート社員・有期社員の場合は、労働条件が個別の事情に応じて設定されることが多いことから、労基法15条の事項に上乗せする形で「昇給の有無」「退職手当の有無」「賞与の有無」「相談窓口」について書面の交付等で明示することが義務付けられている(図表75①)。

◆**通常の労働者への転換**

パート社員・有期社員の中には正社員への転換を希望している労働者も多くいる。そこで、パ有法13条では、パート社員・有期社員から通常の

労働者へ転換するための機会を整えるための措置について定めており、事業主は図表75②のいずれかの措置を講じる義務がある。この転換推進措置の内容は、就業規則への記載や社内イントラネットでの告知などにより、パート社員・有期社員に対して周知をすることが求められる。

図表75　パート社員と有期社員の法律上の保護

①書面の交付等による明示義務がある事項

すべての労働者 （労基法15条）	パート社員・有期社員 （パ有法6条）
●労働契約の期間 ●有期労働契約を更新する場合の基準（更新上限の有無とその内容を含む） ●就業の場所および従事する業務の内容（変更の範囲を含む） ●始業および終業の時刻、所定時間外労働の有無、休憩時間、休日、休暇 ●賃金の決定・計算・支払いの方法 ●賃金の締切・支払時期 ●退職に関する事項	（←に加えて） ●昇給の有無（1つの契約期間内での増額の有無） ●退職手当の有無 ●賞与の有無 ●相談窓口

※上記のいずれの項目も、労働者が希望した場合は電子メールやFAXによる明示でも可

②通常の労働者への転換を推進するための措置

	措置
1	通常の労働者を募集する場合、その募集内容を既に雇っているパートタイム・有期雇用労働者に周知する
2	通常の労働者のポストを社内公募する場合、既に雇っているパートタイム・有期雇用労働者にも応募する機会を与える
3	パートタイム・有期雇用労働者が通常の労働者へ転換するための試験制度を設ける
4	その他通常の労働者への転換を推進するための措置を講ずる

出所：厚生労働省「パートタイム・有期雇用労働法の概要」

76 パートタイム・有期雇用労働法②

同一労働同一賃金
パート社員・有期社員の均衡待遇・均等待遇を規定

◆同一労働同一賃金

　日本における同一労働同一賃金は、「正規・非正規間の不合理な待遇差の解消」という文脈で語られることが多い。そのうち、パート社員・有期社員と正規社員（通常の労働者）との待遇差について、均衡待遇・均等待遇の考え方を規定しているのが、パ有法8条・9条である。

◆均衡待遇（不合理な待遇差の禁止）

　パ有法8条では、すべてのパート社員・有期社員の労働条件について、通常の労働者との間に不合理な差を設けることを禁止している（いわゆる「均衡待遇」）。

　待遇差が不合理か否かは、①職務内容（業務内容・責任の程度）、②職務内容と配置変更の範囲、③その他の事情の3点で判断される（図表76①）。

　待遇差を設けること自体が問題になるのではなく、①〜③を踏まえて合理的な差となっているかどうかがポイントとなる。

◆均等待遇（差別的取扱いの禁止）

　パ有法9条では、パート社員・有期社員のうち、通常の労働者と同視すべき労働者については、すべての待遇について、通常の労働者と差別的な取扱いをすることを禁止している（いわゆる「均等待遇」）。通常の労働者と同視すべきか否かは、全雇用期間を通じて、①職務内容（業務内容・責任の程度）、②職務内容と配置変更の範囲が通常の労働者と同一であるかによって判断される（図表76①）。

　通常の労働者と同視すべきであると判断された場合は、パート社員・有期社員であることを理由として、待遇に差を設けることはできない（待遇は「同一」であることが求められる）。

　なお、均衡待遇・均等待遇に関する考え方は、「同一労働同一賃金ガイドライン」（平成30年厚生労働省告示第430号）でその原則や具体例について示されているため、人事担当者は一度目を通しておくことが望ましい。

◆使用者の説明義務

パ有法14条では、パート社員・有期社員が希望した場合には、通常の労働者との待遇差の理由を労働者に対して説明することを使用者に義務付けている。同一労働同一賃金の対応にあたっては、図表76②の手順で、パート社員・有期社員および通常の労働者の待遇状況について整理した上で、待遇差がある場合には、待遇の内容や不合理な待遇差ではない理由について説明できるようにしておくことが求められる。

図表76　同一労働同一賃金

①均衡待遇・均等待遇

種類	考え方
均衡待遇（パ有法8条）	パート社員・有期社員と通常の労働者の待遇差は、次の3点に照らして不合理なものとしてはならない。 ①職務内容（業務内容と責任の程度） ②職務内容と配置の変更の範囲 ③その他の事情
均等待遇（パ有法9条）	次の2点が、労働契約の全期間を通じて通常の労働者と同一である場合には、パート社員・有期社員の待遇について、差別的取扱いをしてはならない。 ①職務内容（業務内容と責任の程度） ②職務内容と配置の変更の範囲

②同一労働同一賃金　取組みの手順

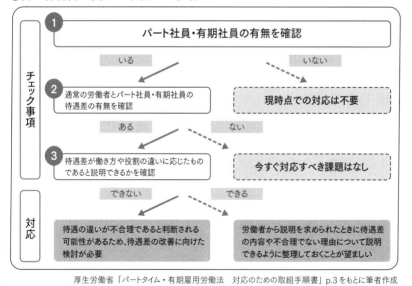

厚生労働省「パートタイム・有期雇用労働法　対応のための取組手順書」p.3をもとに筆者作成

77

男女雇用機会均等法
性別を理由とした差別をなくすことを目的とした法律

◆法律の趣旨

　男女雇用機会均等法（「雇用の分野における男女の均等な機会及び待遇の確保等に関する法律。以下、均等法）は、労働者が性別にかかわらず、その意欲と能力に応じて均等な待遇を受けられるようにすることや、性別を理由とした差別をなくすことなどを目的とした法律である。

◆性別による差別の禁止

　募集・採用、配置・昇進など均等法5条・6条で定める事項に関して、性別を理由とした差別は禁止されている。例えば、特定職種の募集を男性に限定することなどは性別を理由とした差別に該当する。もちろん、女性に対する差別だけでなく、男性に対する差別（女性の優遇）も禁止となる。

　また、性別を直接的な理由とはしていなくても、実質的には性差別に該当するようなものは「間接差別」として禁止される。厚生労働省令では、図表77①の措置を合理的な理由なく講じることは、間接差別にあたるものとしている。なお、過去の女性労働者に対する取扱いが原因で既に発生している男女間格差を埋める目的で、女性を有利に取り扱う措置（ポジティブ・アクション）については、5条・6条違反には該当しない（図表77②）。

◆婚姻、妊娠・出産等を理由とする不利益取扱いの禁止

　女性労働者が結婚や妊娠・出産をしたことなどを理由に、女性労働者の解雇や不利益な取扱いをすることは禁止されている。

　例えば、妊娠したことなどを理由に人事考課における不利益な評価を行うことや不利益な配置変更を行うことなどは、不利益取扱いに該当する。

◆セクハラおよび妊娠・出産等に関するハラスメント対策

　事業主は職場におけるセクシュアルハラスメント（セクハラ）や妊娠・出産等に関するハラスメント（マタハラ）の防止措置を講じる義務がある。防止措置の具体的な内容は、「ハラスメントの内容、方針等の明確化と周

知・啓発」や「相談窓口の設置」などが厚生労働大臣の指針として定められている。なお、セクハラ・マタハラは図表77③のように類型化される。事業主はハラスメントに該当する言動などを理解し、雇用管理上の問題として適切な対応を取る必要がある。

図表 77　男女雇用機会均等法

①間接差別（厚生労働省令で定める措置）

| 労働者の募集または採用にあたって、労働者の身長、体重または体力を要件とするもの |
| 労働者の募集もしくは採用、昇進または職種の変更にあたって、転居を伴う転勤に応じることができることを要件とすること |
| 労働者の昇進にあたり、転勤の経験があることを要件とすること |

厚生労働省「男女雇用機会均等法のあらまし」をもとに筆者作成

②女性労働者についての措置に関する特例

募集および採用	●女性が男性と比較して相当程度少ない雇用区分や役職の募集・採用にあたって、女性に有利な取扱いをすること　など
配置	●女性が男性と比較して相当程度少ない職務への配置にあたって、女性に有利な取扱いをすること　など
昇進	●女性が男性と比較して相当程度少ない役職への昇進にあたって、女性に有利な取扱いをすること　　　など
教育訓練	●女性が男性と比較して相当程度少ない職務または役職に必要な能力に関する教育訓練にあたって、女性に有利な取扱いをすること　など
職種の変更	●女性が男性と比較して相当程度少ない職種への変更にあたって、女性に有利な取扱いをすること　　　　など
雇用形態の変更	●女性が男性と比較して相当程度少ない雇用形態への変更にあたって、女性に有利な取扱いをすること　など

厚生労働省「男女雇用機会均等法のあらまし」をもとに筆者作成

③セクハラ・マタハラの類型

種類	類型	内容
セクハラ	対価型	性的な言動に対する労働者の対応（拒否・抵抗など）により、労働者が解雇・減給などの不利益を受けること
	環境型	性的な言動そのものにより、労働者の就業環境が不快なものとなり、就業上の支障が生じること
マタハラ	制度等の利用への嫌がらせ型	産前休業や育児休業などの制度または措置の利用に関する言動により就業環境が害されること
	状態への嫌がらせ型	女性労働者が妊娠したこと、出産したこと等に関する言動により就業環境が害されること

厚生労働省「ハラスメント対策パンフレット」をもとに筆者作成

第5章　人事部員に必要な法務知識

78 育児・介護休業法①

介護関連の諸制度
要介護状態にある対象家族を介護するための休業・休暇制度

◆**法律の趣旨**

　育児・介護休業法（「育児休業、介護休業等育児又は家族介護を行う労働者の福祉に関する法律」。以下、育介法）は、育児休業・介護休業制度を中心に、子の養育または家族の介護を行う労働者の雇用の継続や再就職の促進を図り、職業生活と家庭生活の両立に寄与することを目的とした法律である。

◆**介護休業**

　介護休業とは、要介護状態にある対象家族を介護するための休業制度で、育介法2条で定められている。社員は申し出ることにより、対象家族1人につき「通算93日、合計3回まで」休業することが可能である（図表78①）。

　対象となる家族は、①配偶者（事実婚状態を含む）、②父母、子、配偶者の父母、③祖父母、兄弟姉妹、孫となる。同居している必要はなく、別居している場合でも対象となる。

　介護休業制度における要介護状態とは、「負傷、疾病または身体上もしくは精神上の障害により、2週間以上の期間にわたり常時介護を必要とする状態」とされている。

　「常時介護を必要とする状態」は（1）介護保険制度の要介護状態区分において要介護2以上である、もしくは（2）図表78②の状態①～⑫のうち、2が2つ以上または3が1つ以上該当し、かつその状態が継続すると認められること、という判断基準が定められている。

◆**介護休暇**

　要介護状態にある対象家族の介護その他の省令で定める世話を行う社員は、要介護状態の対象家族が1人の場合には1年に5日（2人の場合は10日）を限度として介護休暇を取得することができる。

　介護休暇は、対象家族の通院の付き添いなど介護や世話を行うための休暇で育介法16条の5に定められている。

図表 78　介護休業

①介護休業取得の例

一括取得	93日

分割取得	30日	就業	31日	就業	32日

- 一括 or 分割して取得が可能（取得日数の合計は93日まで）
- 分割は3回まで可能
- 原則、休業の2週間前までに申出

②常時介護を必要とする状態に関する判断基準

状態	1	2	3
①座位保持(10分間1人で座っていることができる)	自分で可	支えてもらえればできる	できない
②歩行(立ち止まらず、座り込まずに5m程度歩くことができる)	つかまらないでできる	何かにつかまればできる	できない
③移乗(ベッドと車いす、車いすと便座の間を移るなどの乗り移りの動作)	自分で可	一部介助、見守り等が必要	全面的介助が必要
④水分・食事摂取	自分で可	一部介助、見守り等が必要	全面的介助が必要
⑤排泄	自分で可	一部介助、見守り等が必要	全面的介助が必要
⑥衣類の着脱	自分で可	一部介助、見守り等が必要	全面的介助が必要
⑦意思の伝達	できる	ときどきできない	できない
⑧外出すると戻れない	ない	ときどきある	ほとんど毎回ある
⑨物を壊したり衣類を破くことがある	ない	ときどきある	ほとんど毎日ある
⑩周囲の者が何らかの対応をとらなければならないほどの物忘れがある	ない	ときどきある	ほとんど毎日ある
⑪薬の内服	自分で可	一部介助、見守り等が必要	全面的介助が必要
⑫日常の意思決定	できる	本人に関する重要な意思決定はできない	ほとんどできない

厚生労働省「育児介護休業法のあらまし」p.61をもとに筆者作成

第5章　人事部員に必要な法務知識

79 育児・介護休業法②

育児関連の諸制度
子を養育する社員が取得できる休業・休暇制度

◆**育児休業**

　育児休業（以下、育休）は1歳未満の子を養育する社員が取得できる休業制度で、育介法5条で定められている。取得可能回数は子1人につき2回まで、休業期間は原則、子が1歳になるまでとなる。

　ただし、保育所に入れない場合などの事情があれば、休業期間は最長子が2歳になるまで延長可能である。

◆**出生時育児休業（産後パパ育休）**

　出生時育児休業は、2022年10月の育介法改正により新設された制度である。通常の育休とは別に取得できる制度で、子が生まれてから8週間以内の期間に最大4週間の休業を取得することができる。取得は2回に分割することも可能で、労使協定があれば本人の希望により休業期間中に働くことも可能である（図表79①②）。

◆**パパ・ママ育休プラス**

　育介法9条の6では、両親がともに育休を取得する場合、原則1年間である育休期間を2カ月延長し、子が1歳2カ月になるまで取得できる制度を定めている（通称「パパ・ママ育休プラス」）（図表79③）。

　母親の職場復帰に合わせて父親が育休を取得し母親の職場復帰をサポートするなど、取得要件を満たせばさまざまな活用が可能である。

◆**子の看護休暇**

　小学校就学前の子（令和7年4月からは「小学校3年生修了までの子」）を養育する社員は、会社に申し出ることにより1年につき5日（子が2人以上の場合は10日）を限度として休暇を取得できる。

　子の看護休暇は、負傷または疾病にかかった子の世話または疾病の予防を図るために必要な世話（予防接種・健康診断等）を行うための休暇であり、育介法16条の2で定められている。

212

図表 79 育児休業

①出生時育児休業(産後パパ育休)

	出生時育児休業(産後パパ育休)	通常の育児休業
対象期間取得可能日数	子の出生から8週間以内に4週間まで取得可能	原則子が1歳まで(最長2歳まで)
申出期限	原則休業の2週間前まで	原則1カ月前まで
分割取得	分割して2回取得可能(初めにまとめて申し出ることが必要)	分割して2回取得可能(取得の際にそれぞれ申出)
休業中の就業	労使協定を締結している場合に限り、労働者が合意した範囲で休業中に就業することが可能	原則就業不可

出所:厚生労働省「育児介護休業法のあらまし」

②出生時育児休業(産後パパ育休)取得の例

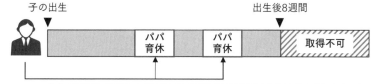

- 最大4週間取得可能(休業の2週間前までに申出)
- 2回分まとめて申し出ることで分割取得可能
- (労使協定があれば)本人の希望により休業中の就業も可能

③パパ・ママ育休プラス取得の例

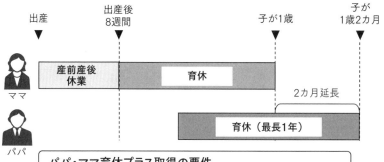

パパ・ママ育休プラス取得の要件
- 本人(パパ)より先に、配偶者(ママ)が子が1歳に達する前に育休を取得していること
- 本人(パパ)が子が1歳に達する前に育休を開始すること

80 育児・介護休業法③

労働時間等に関する規定
一定の要件のもと、介護や育児を行う社員は短時間勤務等の措置が適用

◆**短時間勤務等の措置**

　育介法では、一定の要件に該当する介護や育児を行う社員に対して、短時間勤務等の措置を行うことを義務付けている。

　要介護状態にある対象家族を介護する社員に対しては、対象家族1人につき「連続する3年以上の期間で2回以上」利用可能な所定労働時間の短縮等の措置を講じなければならないとしている。具体的には、図表80①の①〜④のいずれかを導入しなければならない。

　また、育児を行う社員のうち、3歳に満たない子を養育する社員に対しては、社員が利用可能な所定労働時間の短縮措置を導入しなければならない。この措置には、「1日の所定労働時間を原則として6時間とする措置」を含む必要がある（図表80①）。

◆**所定外労働・時間外労働・深夜業の制限**

　介護や育児を行う社員に対しては、所定外労働や時間外労働、深夜業に関する制限も規定されている。

　所定外労働の制限とは、対象社員が請求した場合、所定労働時間を超えて労働させてはならないという制度であり、1回につき「1カ月以上1年以内」の期間で請求可能である。

　時間外労働の制限とは、対象社員が請求した場合、1カ月24時間、1年150時間を超える法定時間外労働をさせてはならないという制度であり、1回につき「1カ月以上1年以内」の期間で請求可能である。

　深夜業の制限とは、社員が請求した場合、午後10時から午前5時までの間の深夜労働をさせてはならないという制度であり、1回につき「1カ月以上6カ月以内」の期間で請求可能である。

　それぞれ開始日の1カ月前までに申請が必要であり、何回でも請求可能である。請求可能な対象社員や請求方法の詳細は図表80②のとおりである。

214

図表 80　労働時間等に関する規定

①短時間勤務等の措置

区分	対象	措置	要件
介護	要介護状態にある対象家族を介護する労働者	①短時間勤務制度	連続する3年以上の期間で2回以上利用可能なものとして、①〜④のいずれかを<u>導入しなければならない</u>
		②フレックスタイム制度	
		③始業・終業時刻の繰り上げまたは繰り下げる制度	
		④労働者が利用する介護サービスの費用の助成その他これに準ずる制度	
育児	子が3歳未満の労働者	短時間勤務制度	<u>1日の所定労働時間を原則として6時間とする措置</u>を含めなければならない

②所定外労働・時間外労働・深夜業の制限

制限	区分	対象	要件
所定外労働の制限 ―所定労働時間を超える労働を制限する	介護	要介護状態にある対象家族を介護する労働者	●期間：1カ月以上1年以内(1回あたり) ●申請時期：開始の1カ月前まで(何回でも請求可能)
	育児	<u>子が3歳未満の労働者</u>	
時間外労働の制限 ―法廷労働時間を1カ月24時間、1年150時間までに制限する	介護	要介護状態にある対象家族を介護する労働者	●期間：1カ月以上1年以内(1回あたり) ●申請時期：開始の1カ月前まで(何回でも請求可能)
	育児	<u>子が小学校就学前までの労働者</u>	
深夜業の制限 ―午後10時から午前5時までの深夜労働を制限する	介護	要介護状態にある対象家族を介護する労働者	●期間：1カ月以上6カ月以内(1回あたり) ●申請時期：開始の1カ月前まで(何回でも請求可能)
	育児	<u>子が小学校就学前までの労働者</u>	

第5章　人事部員に必要な法務知識

215

81 労働者派遣法
派遣労働者の保護・雇用の安定等を目的とした法律

◆**法律の趣旨**

労働者派遣法（「労働者派遣事業の適正な運営の確保及び派遣労働者の保護等に関する法律」。以下、派遣法）は労働者派遣事業の適正な運営確保に関する措置や、派遣労働者の保護等による、派遣労働者の雇用の安定などを目的とした法律である。

労働者派遣とは、派遣元である派遣会社が労働者を雇用し、派遣先企業の労働に従事させるものである。派遣労働者は、派遣先の指揮命令を受けて働くが、労働契約は派遣元と結んでいることから、派遣労働者の使用者として雇用責任を負うのは原則、派遣元となる。

◆**期間制限**

派遣先で派遣労働者を利用できる期間については、事業所単位の期間制限と個人単位の期間制限が定められている。

事業所単位の期間制限は、同一の事業所に対して派遣できる期間を定めており、原則3年が限度となっている。なお、派遣先がその事業所の過半数労働組合から意見聴取をすれば、3年単位で更新することもできる。

個人単位の期間制限は、同一の派遣労働者を受け入れられる期間を定めており、同一の組織単位（課など）では原則3年が限度である（図表81①）。

なお、期間制限は派遣労働者が「派遣元事業主で無期雇用されている場合」や「60歳以上の場合などの例外に該当する場合」は対象外となる。

◆**労働契約の申込みみなし制度**

派遣法では、悪質な派遣法違反をなくす趣旨で、図表81②の違法派遣を派遣先が受け入れた場合、その時点で派遣先が派遣労働者に対して直接雇用の申込みを行ったとみなす制度を定めている。派遣先はこの申込みを拒否することはできず、派遣労働者が承諾した時点で、派遣元との労働条件と同一の労働契約が成立することになる。（派遣先が違法派遣に該当することを知らず、かつ、知らなかったことに過失がなかった場合は除く。）

図表 81　労働者派遣法

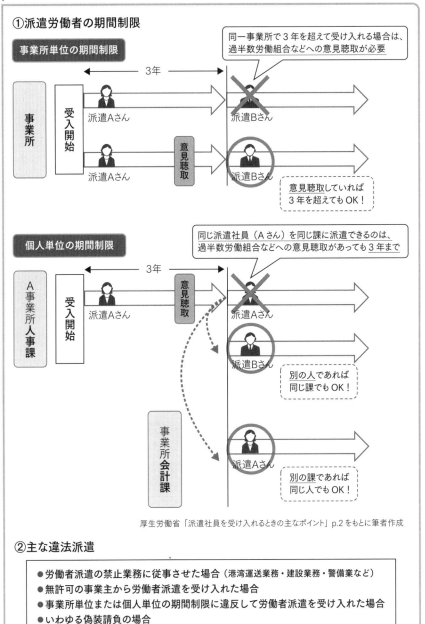

厚生労働省「派遣社員を受け入れるときの主なポイント」p.2をもとに筆者作成

②主な違法派遣

- 労働者派遣の禁止業務に従事させた場合（港湾運送業務・建設業務・警備業など）
- 無許可の事業主から労働者派遣を受け入れた場合
- 事業所単位または個人単位の期間制限に違反して労働者派遣を受け入れた場合
- いわゆる偽装請負の場合

厚生労働省「派遣社員を受け入れるときの主なポイント」p.4をもとに筆者作成

82

企業組織と会社法
会社法が定める機関設計には3種類ある

◆会社法の概要と会社の種類

会社法は、「会社の設立、組織、運営及び管理」について定めた法律である（会社法第1条）。会社法の構成は図表82-1①に示すとおり、第一編「総則」から第八編「罰則」までの合計8編で構成されている。

会社法が定める会社組織としては、大別して「株式会社」と「持分会社」があり、持分会社には「合名会社」「合資会社」「合同会社」がある。

なお、2006年の会社法施行以降、有限会社を新しく設立することができなくなったことにより、現在も有限会社を称する会社はそれ以前に設立された会社である。

2024年現在、日本で設立されている会社の9割以上は株式会社であり、以下からは会社法の第二編「株式会社」について説明する。

◆人事部と会社法

会社と雇用関係にある従業員とは異なり、取締役・監査役等の役員は、会社法の適用を受ける。ゆえに、人事部員として会社法のうち特に理解しておかなければならないのは、役員について規定した株式会社の機関設計に関する事項である。役員の選任・登用や報酬等について、人事部が一定程度関与することも多いと思われるが、機関設計によって、役員のあり方が異なるため、人事部としても機関設計の違いを理解しておく必要がある。

会社法が定める機関設計としては、①監査役会設置会社、②監査等委員会設置会社、③指名委員会等設置会社の3種類がある。

①監査役会設置会社

かねてより日本の機関設計の形として一般的に採用されているものであり、取締役会と監査役会の設置が義務付けられている。

②監査等委員会設置会社

監査役会設置会社と指名委員会等設置会社の中間的な位置付けとして2015年に導入された。昨今では、監査役会設置会社から監査等委員会設置会社に移行する会社が多い。

218

図表 82-1　会社組織と会社法

①会社法の構成

第一編	総則
第二編	株式会社
第三編	持分会社
第四編	社債
第五編	組織変更、合併、会社分割、株式交換及び株式移転
第六編	外国会社
第七編	雑則
第八編	罰則

②会社法が定める会社の種類

株式会社		社員すべてが有限責任社員からなる会社
持分会社	合名会社	社員すべてが無限責任社員からなる会社
	合資会社	無限責任社員と有限責任社員からなる会社
	合同会社	社員全員が有限責任社員である会社。設立が簡単であり、ベンチャー事業などで利用されることが多い

③株式会社の機関設計

監査役会設置会社	監査役会を置く株式会社。日本においてかねてより一般的であった機関設計	60.7%
監査等委員会設置会社	監査役会に代わって、過半数の社外取締役を含む取締役3名以上で構成される監査等委員会が組織的監査を担う機関設計	36.9%
指名委員会等設置会社	取締役会の中に社外取締役が過半数を占める委員会を設置し、取締役会が経営を監督する一方、業務執行については執行役に委ねる機関設計	2.3%

上記の割合は東京証券取引所「東証上場会社コーポレートガバナンス白書2023」による

③指名委員会等設置会社

　コーポレートガバナンスの強化の観点から2003年に導入された。取締役会の中に社外取締役が過半数を占める委員会を設置し、取締役会が経営を監督する一方、業務執行については執行役にゆだねる仕組みである。

◆機関設計の比較と注意点

　図表82-2では、監査役会設置会社、監査等委員会設置会社、指名委員会等設置会社の特徴を比較しているので、参照されたい。

　ここでは、人事部員として押さえておきたい2点を説明する。

①指名委員会・報酬委員会の位置付け

　これらの委員は取締役・監査役で構成されるが、委員会運営の事務局機能を人事部が担うことも多く、その特徴を理解しておく必要がある。

　指名委員会・報酬委員会は、指名委員会等設置会社においては、会社法上必ず設置しなければならないが、監査役会設置会社・監査等委員会設置会社についてはあくまでも任意に設置する委員会である。

　したがって、指名委員会・報酬委員会をあわせて「指名・報酬委員会」とすることも可能であり、何を議論するか、どの役職の指名・報酬を議論するか、についても各社に委ねられている。この点、指名委員会については、取締役の指名（選任）の検討のみならず、通常の従業員の上位層（部長・理事等）についても、指名委員会の議論にすることが可能である（この場合、名称を「人事委員会」とすることも一案である）。

②執行役員の位置付け

　昨今、執行役員を設置する会社が増えているが、執行役員は会社法に定めがなく、どの機関設計を採用しても、各社が任意に設置できるものである。最近は、コーポレートガバナンスの要請である「監督と執行の分離」を実現すべく、社内役員は執行役員を中心とし、社内の取締役を減らす傾向にある。取締役を兼務する執行役員は、会社と委任契約の関係にあるが、取締役を兼務しない執行役員は、会社との契約関係を委任契約とすることも雇用契約とすることも可能である。

　なお、指名委員会等設置会社に設置される執行役と執行役員は異なるものである。言い換えれば、指名委員会等設置会社に執行役と執行役員の両方を設けることも可能である。

図表82-2　機関設計による体制等の違い

👤 社外役員

	監査役会設置会社	監査等委員会設置会社	指名委員会等設置会社
体制（概略）	株主総会 選解任／選解任 取締役会 ←→ 監査役会 ※指名報酬委員会の設置は任意 監査 監督／監査 業務執行者	株主総会 選解任／選解任 指名・報酬意見陳述 取締役会 ← 監査等委員会 ※指名報酬委員会の設置は任意 監査 監督 業務執行者	株主総会 取締役の選解任議案決定／選解任 取締役会 指名委員会／報酬委員会／監査委員会 選任／報酬決定／監督／監査・監督 執行役
指名・報酬	●**任意の委員会**を置くケースは多いが、決定権は取締役会、代表取締役等に所在（報酬の総額は株主総会決議）	●**任意の委員会**を置くケースは多いが、決定権は取締役会、代表取締役等に所在（報酬の総額は株主総会決議） ●監査等委員会は取締役の選任・報酬等に対する意見陳述権を持つ	●取締役の選解任議案は社外が過半数を占める**指名委員会で決定**（法定） ●取締役・執行役の報酬額は社外が過半数を占める**報酬委員会で決定**（法定）
監査	●**独任制**（各監査役が自ら監査を行う権限を有する）、監査役自らが実査 ●半数以上が社外、常勤監査役設置必須（大会社・公開会社の場合） ●適法性監査	●**合議制**（内部統制システムを用いた組織監査を想定） ●過半数が社外、常勤監査等委員は不要 ●監査等委員は取締役の地位を持つため妥当性監査に及ぶと解釈	●**合議制**（内部統制システムを用いた組織監査を想定） ●過半数が社外、常勤監査委員は不要 ●監査委員は取締役の地位を持つため妥当性監査に及ぶと解釈
業務執行者	●代表取締役、業務執行取締役	●代表取締役、業務執行取締役	●執行役
権限委譲	●重要な業務執行の決定は**取締役会**（法定以外は委譲可能）	●重要な業務執行の決定の全部または一部を**取締役へ委任**することができる ※独立社外取締役が過半もしくは定款の定め等が必要な例外規定	●重要な業務執行の決定の全部または一部を**執行役へ委任**することができる

83

法令等の基礎知識

人事部員は関係する法令等その最新状況を把握することは必須

◆関係する法令の把握

　「法令」とは、一般的に「法律」（国会が制定する法規範）と「命令」（国の行政機関が制定する法規範）の総称であり、「命令」には「政令」や「省令」が含まれる。人事部員は、法令の解釈を定めた「通達」等も含めて関係する内容について、その最新状況を把握しておく。

　なお、法令の内容についてはデジタル庁が「e-Gov法令検索」を公開しており、ここで最新の内容を確認することができる。通達については、各法令の所管省庁のホームページで確認することができる。

◆条文の基本構成

　条文は「条」「項」「号」で構成されている。

　図表83②は、労働基準法第14条を示したものである。第14条に「2」「3」の記載があるが、これは「項」を表している。なお、第1項については「1」とは表示せず、第2項から「2」「3」…と記載することになる。

　第14条第1項の中に「一」「二」の記載があるが、このように文中に何からの形で列挙されている場合を「号」と呼ぶ。

◆裁判例の確認と理解

　何らかの労務・人事上のトラブル事象が発生した場合、法令にあてはめることのみをもって結論付けることは難しい。法令はあくまで一般的なルールを定めたものであり、裁判に発展した場合には、事象ごとの背景を踏まえ、法令の解釈がなされて、判断がなされる。その意味で、裁判例は生きた先例であり、人事部員としても業務に関連する主要な裁判例を理解しておくことが望ましい。

　裁判例をみる際に注意しておきたいことは、結論に至った前提を理解しておくことである。一見、類似している事案であっても、その前提が異なれば結論も大きく変わる。事案の事実関係を正しく理解し、その裁判例が自社の案件にどのように適用できるか見定める必要がある。

222

∴ 図表 83　法令等の基礎知識

①法令・通達

法律		国会の議決を経て制定する法規範
命令	政令	内閣が法律の実施に必要な規則や法律が委任する事項を定めるために制定するもの
	省令	各省の大臣が、法律や政令を施行するため発する命令
通達		法令の解釈等を示すものとして、当該法令を所管する省庁が下級機関に対して発簡するもの

②条文の基本構成（労働基準法第 14 条を例に）

（契約期間等）

第十四条　労働契約は、期間の定めのないものを除き、一定の事業の完了に必要な期間を定めるもののほかは、三年（次の各号のいずれかに該当する労働契約にあつては、五年）を超える期間について締結してはならない。
〉第14条 第1項 柱書

一　専門的な知識、技術又は経験（以下この号及び第四十一条の二第一項第一号において「専門的知識等」という。）であつて高度のものとして厚生労働大臣が定める基準に該当する専門的知識等を有する労働者（当該高度の専門的知識等を必要とする業務に就く者に限る。）との間に締結される労働契約
〉第14条 第1項 第1号

二　満六十歳以上の労働者との間に締結される労働契約（前号に掲げる労働契約を除く。）
〉第14条 第1項 第2号

2　厚生労働大臣は、期間の定めのある労働契約の締結時及び当該労働契約の期間の満了時において労働者と使用者との間に紛争が生ずることを未然に防止するため、使用者が講ずべき労働契約の期間の満了に係る通知に関する事項その他必要な事項についての基準を定めることができる。
〉第14条 第2項

3　行政官庁は、前項の基準に関し、期間の定めのある労働契約を締結する使用者に対し、必要な助言及び指導を行うことができる。
〉第14条 第3項

第5章　人事部員に必要な法務知識

223

人事部コラム⑤

法務知識を実務で活用するために

◆知識のアップデートと正確な理解を心がける

　人事部員として最低限求められる法務知識は第5章に記載のとおりである。しかし、本書の内容だけをただ知識としてインプットしておけばよいというわけではない。関連する法令の改正情報や行政通達、裁判例等にアンテナを張り、常に最新情報にアップデートし続けることが求められる。

　新聞やニュース等で関連する事項を日々チェックしておくことはもちろん、厚生労働省を中心とした各省庁のホームページを定期的に確認することも心がけたい。

　また、法務知識は正しく理解し、自社における適切な対応につなげることができて初めて実務に役立つ活きたものになる。中には、公開されている法令情報だけでは正しく内容を理解するのが困難なものや、個社別の事情に合わせた対応を検討するのが難しいものもある。

　その際、決して自分なりの理屈や個人の感情で解釈をしてはならない。自社で契約している弁護士や社会保険労務士がいる場合は、法令の解釈や自社における対応を相談してみることも必要である。また、そのように相談できる専門家がいない場合には、行政が設置している相談窓口等を活用する方法もある。使用者側であっても、労働基準監督署などに相談することは可能であるため、実務の中で困った際には確認してみてもよいだろう。

◆社員との丁寧なコミュニケーションも大切

　法令に則った対応をとっていれば労使間のトラブルが発生しない、というわけではない。労働問題の多くは、会社と社員間の認識のずれによるものがほとんどだからだ。特に、労働関連の法務知識は多くの社員にとって馴染みのあるものではない。人事部員が、関連する法務知識を理解しておくことは大切だが、それを当たり前のものとしてはならない。

　丁寧なコミュニケーションを通じて社員の理解を深めることで、認識のずれが生じないように努めることも人事部員の大切な仕事である。

第 **6** 章

人事部員としての心構えと
スキル開発

84 人事のプロとしての HR コンピテンシー
人事の専門性＋ビジネス全般の知識やコミュニケーション能力

◆人事部員を取り巻く4つのステークホルダー

　人事部員には、次の4つのステークホルダーが存在する。

　①経営層：人材の登用や配置、評価・処遇などを巡り、日々、経営層からさまざまなオーダーが人事部に降りてくる。経営との密接な意思疎通なくして人事実務の推進は不可能である。

　②社内他部署：異動や採用、人事評価など、他部署の要請に耳を傾けつつ全社横断的な立場を堅持して施策を推進する必要がある。

　③従業員：人事部にとって最大のステークホルダー。人事部員は従業員の悩みに応え、従業員が気持ちよく仕事ができる就労環境を整備しなければならない。

　④行政：社外では労基署やハローワーク、社会保険事務所等との調整も重要である。人事部員は刻々と改正される法令を熟知し、行政とのコミュニケーションを図っていく必要がある。

◆HRコンピテンシーを磨く

　以上のように、人事実務の推進にはさまざまなステークホルダーとの調整が求められる。単に「人事に詳しい」というだけでは不十分であり、ビジネス全般に関する知識や関係者とのコミュニケーション能力も求められる。

　図表84②は、米国の人事プロフェッショナルが加盟する職能団体「アメリカ人材マネジメント協会（Society for Human Resource Management）」が提唱するHRコンピテンシーである。これをみると、人事部員には、人事の専門性（HR Expertise）だけでなく、リーダーシップやビジネス感覚、意思決定能力、コミュニケーション能力、多様性の尊重などさまざまなスキルやマインドセットが求められることがわかる。

　人事部員には、自己学習を通じて知識を習得することはもちろん、日々の実務を通じて多彩なコンピテンシーを獲得することが期待される。次節より、人事部員に必須の心構えやスキルを解説していく。

図表84　人事のプロとしてのHRコンピテンシー

① 人事部員を取り巻くステークホルダー

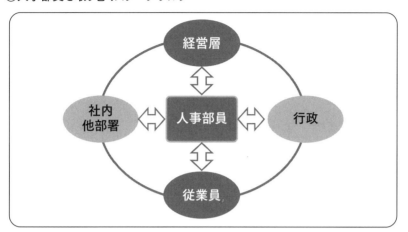

② HRコンピテンシー(例)

分類	項目	定義
テクニカル (Technical)	HRの専門性 (HR Expertise)	HRMの基本と実践、機能を理解できる
リーダーシップ (Leadership)	倫理の実践 (Ethical Practice)	組織・事業全体において、会社の中核的な価値観、誠実さ、責任性を統合的に実践できる
	リーダシップと誘導 (Leadership and Navigation)	組織内で率先して行動し、その遂行過程に貢献できる
ビジネス (Business)	ビジネス感覚 (Business Acumen)	情報を解釈・適用し、組織の戦略に貢献できる
	相談・支援 (Consultation)	組織の関係者に対し、相談・支援できる
	判断・意思決定 (Critical Evaluation)	情報を適正に解釈し、業務上の判断・助言ができる
対人 (Interpersonal)	コミュニケーション (Communication)	関係者と効果的に情報交換できる
	多様性の尊重(Global and Cultural Effectiveness)	すべての関係者の価値観やバックグラウンドを尊重できる
	関係構築・連携 (Relationship Management)	周囲と的確に交流し、人事サービスの提供と組織への貢献ができる

Society for Human Resource Management「The SHRM Competency Model®」をもとに筆者作成

85

人事パーソンに求められるコンプライアンス
社員の機微な情報を扱う人事部員はきわめて高い倫理観が求められる

◆高い倫理観が求められる人事パーソン

　ビジネス界で「コンプライアンスの順守」が叫ばれるようになって久しい。コンプライアンスとは、法令等のみならず、当該職業に求められる倫理・道徳・社会的ルール全般を守ることを指し、人事部員のみならず、企業全体や全役職員に求められるものである。

　守るべき事項は、全社会人・全企業に共通する内容もあれば、業界や職種によって異なる内容もあり、それぞれの立場によって何を意識すべきか、常に確認しておく必要がある。

　全般的に、財務・経理・総務・法務・人事等の管理部門は、社内に対して幅広く統制を効かせる立場にあることから、高い倫理観が求められることになる。

　なかでも人事パーソンは、本書を通してこれまで述べたとおり、社員の報酬や評価、プライバシーなど機微な情報を扱う立場にあるため、きわめて高い倫理観が求められる（図表85①）。

　特に、SNSの利用が普及している環境にあっては、SNSへの投稿による情報漏洩には十分に配慮する必要がある。

◆採用活動遂行時に注意すべき事項

　近年、採用活動における求職者へのハラスメントが問題となっている。一般的に、求職者は企業側よりも弱い立場になりやすいことから、求職者が安心して就職活動に取り組むことができるよう、採用に関わる社員は節度ある対応に留意することはもちろんである。

　また、採用担当者は入社後のトラブル防止のためとして、採用時に過度な情報収集を行ってしまいがちになることにも注意したい。個人情報保護の意識の高まりや就職差別防止の観点から、情報収集範囲には一定の制約がある（図表85②）。

　採用活動の中心的役割を担う人事部員は、こうした制約を自らしっかりと把握しておくとともに、社内の採用活動応援者に伝える責務がある。

図表 85　人事パーソンに求められるコンプライアンス

①人事パーソンに求められる職業倫理

人事パーソンに
求められる職業倫理

管理部門に
求められる職業倫理

ビジネスパーソン全般に
求められる職業倫理

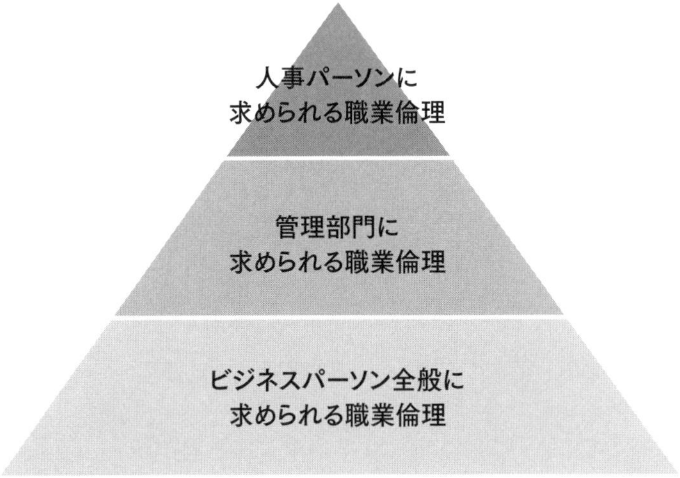

②就職差別につながるおそれがある事項

本人に責任のない事項の把握	本籍・出生地に関すること
	家族に関すること
	住宅状況に関すること
	生活環境・家庭環境などに関すること
本来自由であるべき事項（思想・信条にかかわること）の把握	宗教に関すること
	支持政党に関すること
	人生観・生活信条などに関すること
	尊敬する人物に関すること
	思想に関すること
	労働組合（加入状況や活動歴など）、学生運動などの社会運動に関すること
	購読新聞・雑誌・愛読書などに関すること

厚生労働省「公正な採用選考を目指して」「就職差別につながるおそれがある 14 事項」をもとに筆者作成

86 人事パーソンのキャリア
人事部内外での活躍のほか、CHRO としての道

◆人事部門内でのキャリア

人事パーソンは一般的に、「テーマ別運用・事務担当者」→「テーマ別企画担当者」→「テーマ別責任者」→「人事統括者」の順に役割が上がっていき、最終的に「人材マネジメント最高責任者（CHRO）」がゴールとなる。人事パーソンとしてのキャリアもこれと連動する。

まず、当初は既存制度の運用をしながら「実務を知る」。

次に、既存制度の課題について「改善策を企画」し、管理者として部下をマネジメントしながら「担当テーマを運営」する。このとき、マネジメントする側でなく、「特定のテーマを追求」する専門職としてのキャリアを選択することもできる。マネジメントへと進む場合はその統括範囲を広げていくことになる。

◆人事部門外でのキャリア

人事パーソンのキャリアは、人事部門内にとどまらない。人事での経験後に、他の事業部門の労務担当や人事担当としての活動の場もある。

特に、近年注目されている HRBP（Human Resource Business Partner）は事業部門の事業戦略と連動した人材戦略の策定や事業部内の HRM 推進を担う役割だ。この背景には人的資本経営が重要視されるなかで、会社全体の HRM を人事部門が一律で実施するのは難しい時代になってきたことがある。事業ごとの事情に応じたきめ細かい HRM を推進していく上で、HRBP に対する期待は今後ますます高まるものと思われる。

◆CHRO の必要要件

人材マネジメントの最高責任者として企業の経営戦略の実現にコミットする CHRO は人事の専門家はもちろんのこと、HRBP や各事業部門の運営責任者としての事業経営の経験や視野が求められる。

将来 CHRO として活躍することを目指すのであれば、その点にも留意したキャリア形成を考える必要がある。

図表86　人事パーソンのキャリアパスモデル（例）

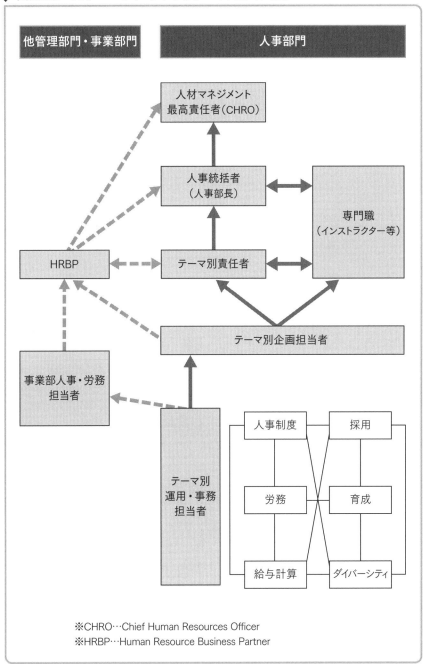

※CHRO…Chief Human Resources Officer
※HRBP…Human Resource Business Partner

87

人事に求められるビジネス感覚
ビジネスパーソンとしての人事にとって重要なスキルを練磨する

◆HRMを取り巻く環境を知る

　人事パーソンが身につけるべきビジネス感覚を語る際には、人事パーソンが従事するHRMを取り巻く環境を知る必要がある（図表87①）。

　HRMを取り巻く環境とは社内に限らない。社外環境も含めて理解し、その環境への対応力を高めることが人事としてのビジネス感覚には大切だ。

　社内環境についてなら「会社の経営方針」「事業内容・事業ポートフォリオ」「業績・経営状況」など、そして社外環境なら「経営トレンド」「諸法令」「社会課題」「テクノロジー」「競合他社の状況」など広範にわたる。それらをタイムリーにキャッチアップしていく。

◆必要なビジネス感覚

　上述の社内外の環境を理解するためには、基礎的な素養が求められる。それをソフトスキルとハードスキルに分類したものが図表87②である。

　ソフトスキルは、関係者との良好なコミュニケーション力や適切な判断に必要な意思決定力をはじめ、主に思考力に関するものや人間力に関するものだ。人事は取り扱うテーマがヒトの情報である以上、従業員の利害関係やプライバシー等機微に関わる事項に接することが多くなる。その際、感情に流されずに冷静に状況を見極めて、合理的な判断ができないと、従業員のモチベーション低下や疑心暗鬼を生むことになりかねない。

　ハードスキルは、主として知識や技能に関するものである。例えば、HRテクノロジーに関するIT知識や所属業界の知識が未熟だと発言の説得力に疑義が持たれる。また、会計やマネジメントに関する知識もビジネスの基本スキルとして欠かせない。

　特にビジネスパーソンとしての人事にとって重要なのは、HRMを取り巻く環境を意識しながら、自分が得意とするスキルと不得意とするスキルを認識し、長所は伸ばし、短所は補う努力を惜しまないことだ。

　これからの人事として最も避けたいのが「人事部門の既存の論理に閉じられたビジネス感覚」であり、そのことを肝に銘じてほしい。

図表 87　HRM を取り巻く環境

①HRMを取り巻く環境

社外環境 ｜ 社内環境

経営
トレンド

会社の
経営方針

諸法令

事業内容・
事業ポートフォリオ

HRM

社会
課題

業績・
経営状況

テクノロジー

競合
他社

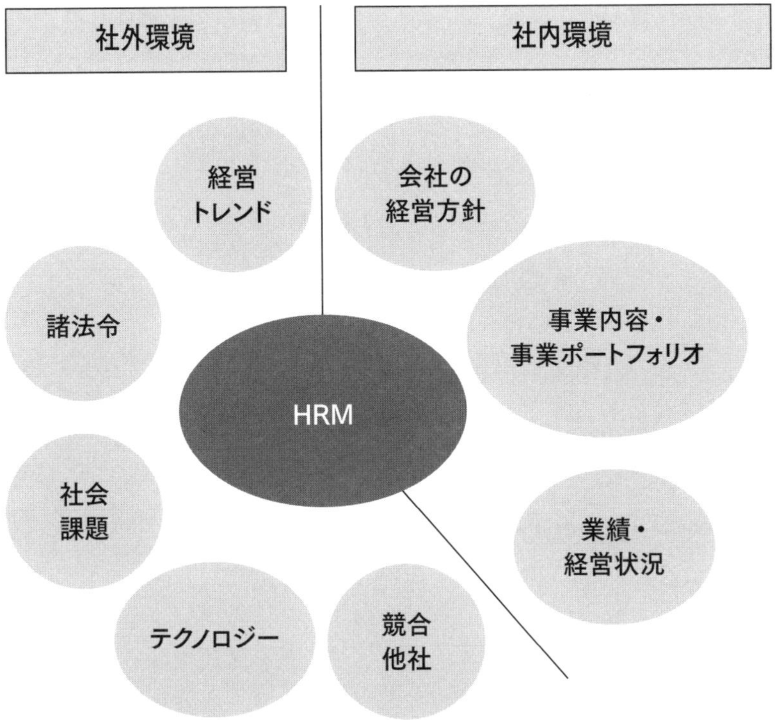

②人事パーソンに必要なビジネス感覚

区分	具体的なビジネススキル（例）
ソフトスキル	アンガーマネジメント、傾聴力、リーダーシップ、論理的思考力、コミュニケーションスキル、PDCA力 等
ハードスキル	経営や社会課題に関するトレンドおよび基礎知識、業界・業務知識、IT知識（ITパスポートレベル）、会計知識、マネジメント知識 等

88

ベンチマーク統計の活用
人事は官公庁が公開している人事関連調査統計の把握は基本

◆**人事管理の現状分析**

　人事部員は、折に触れて自社の人事管理の現状を分析する必要に迫られる。

　例えば、離職率が増加している場合、自社の賃金水準が同業他社と比較して低すぎないか、あるいは、残業時間が長すぎてワーク・ライフ・バランスを阻害していないか等を検証する必要がある。

　仮に、自社の人件費水準が妥当かどうか検証するよう経営層から指示を受けたら、自社の人事データを他社データと比較し、人事管理の現状を「見える化」し、会社の立ち位置を確認する（図表88①）。

◆**ベンチマーク統計の活用**

　現状分析を行う際に欠かせないのが、官公庁などが公開している調査資料をはじめとするベンチマーク統計である。

　昨今はインターネットで検索すれば無数の人事関連統計情報をみつけることができる。しかし、現状分析にとって何よりも必要なのはデータの信頼性である。出典が信頼に欠く情報や自社にとって都合のよいデータを集めて比較・分析しても、説得力のある結論を導くことはできない。

　図表88②は官庁統計を中心に、分析項目別に定番となっている統計調査を整理したものである。ここに列挙した統計をベンチマークしておけば、比較対象の瑕疵を指摘されることはまずないだろう。

　官庁統計の限界として、全産業または業種別・規模別の傾向を知ることはできるが、個別の銘柄企業を抽出したデータとの比較はできない点が挙げられる。人事部員としては、一般産業界の動向ではなく、ずばり「競合他社のデータ」が欲しいところであるが、多くの場合、こうした情報は入手困難である。

　ただし、業界内の人事部の横のつながりや、労働組合のネットワークを通じて間接的に他社データを入手できることもある。この場合、自社データの提供との「情報交換」になることは承知しておく必要がある。

234

図表88 現状分析と「見える化」

①現状分析と「見える化」

②主なベンチマーク統計

区分	項目	ベンチマーク統計の例
人員／労務構成	従業員の平均年齢、年齢階層別・性別・役職別の人員構成、管理職比率	厚生労働省「賃金構造基本統計調査」
	パートタイム社員比率	厚生労働省「毎月勤労統計調査」
人件費／報酬	総額人件費、人件費率、1人あたり人件費、労働分配率、平均年収	競合他社の有価証券報告書
	年齢階層別の報酬水準（月例給・賞与）、報酬に占める賞与比率、役職別の報酬水準	厚生労働省「賃金構造基本統計調査」 人材サービス会社が提供する報酬サーベイ
	平均昇給額(率)、ベースアップ	厚生労働省「賃金引上げ等の実態に関する調査」
	退職給付の水準	中央労働委員会「賃金事情等総合調査」
採用・退職	中途採用比率、退職者数、退職率	厚生労働省「雇用動向調査」
ダイバーシティ＆インクルージョン	高齢者雇用、定年制の状況	厚生労働省「高年齢者雇用状況等報告」同「就労条件総合調査」
	障害者雇用の状況	厚生労働省「障害者雇用状況」
	女性管理職比率	厚生労働省「雇用均等基本調査」
労働時間／ワーク・ライフ・バランス	育児・介護休業、多様な正社員制度の実施状況	厚生労働省「雇用均等基本調査」
	所定外労働時間の現状	厚生労働省「毎月勤労統計調査」
	年次有給休暇の付与日数・取得日数、取得率	厚生労働省「就労条件総合調査」
育成／キャリア	OJT、研修の実施状況、受講者数(率)、1人あたり教育訓練費	厚生労働省「能力開発基本調査」

おわりに

　本書は、「人事部の役割と機能」「人と組織の基本知識」「人材戦略と人的資本経営」「人事部の年間活動スケジュールと実務」「人事部員に必要な法務知識」「人事部員としての心構えとスキル開発」の全6章構成で、人事部員に必要な基本的な知識をコンパクトにまとめたものである。いずれの章についても、日頃からさまざまな企業や組織（以下あわせて「企業等」）の人事部を支援するコンサルタントが執筆したものであり、実務で活用できる内容を盛り込んでいる。

　とはいえ、人事部の役割・機能・仕事はすべての企業等において共通するものではない。業種、企業等の規模、経営戦略、人事部の所管事項、周辺の部署との関係性等によって、求められることは変わってくる。コンサルタントとして企業等の人事部を支援する中でも、一般的なルールや考え方がそのまま適用できる場合は極めて少なく、各企業等の置かれた状況を勘案し、制度の導入や運用を支援することになる。本書記載の内容をベースとして、読者自身が各企業等における最適解を検討することを期待している。

　ここまで通読いただいた読者であればお気づきと思われるが、本書で紹介した内容はあくまでも基本的かつ一般的な事項を整理したものである。ゆえに、人事部員が本書を手にするタイミングとしては大きく以下の2つの場合が考えられる。

　第一に、人事部に新たに着任・異動となったタイミングである。人事部全体の業務を把握する意味で、着任・異動時に本書を通読することをお勧めしたい。本書の性格上、細部の説明は割愛しているが、その分、初めて人事部の業務を理解しようとする場合には適している内容であろう。人事業務に初めて接することになる着任者・異動者に対して、ぜひ、本書をご紹介いただきたい。

　第二に、人事部の特定の業務に精通したスペシャリストにおいても定期的に本書を通読することをお願いしたい。昨今、人事部の各業務は高度化しつつあり、各業務が専門化・細分化しつつある。専門化・細分化は、業務の高度化に対応でき、かつ、最適な業務配分がなされる一方、人事業務

の全体感を見失いがちになる。既に人事部の各業務に精通している場合であっても、ここまで本書を通読いただいたことで何らかの気づきがあったのではないかと拝察する。本書を定期的に手に取り、人事業務全体を俯瞰する一助としてご活用いただきたい。

　なお、本書は人事部員のみならず、経営層、管理職、その他ビジネスパーソン全般が読んでも理解できる内容となっている。人事部との対話が求められる経営層や、人事部の業務に関心があるビジネスパーソン全般の参考書にもなろう。人事部員でなくとも、知っておくべき人事の基礎知識を盛り込んでおり、社内の育成等にも活用することも考えられる。立場を問わず、人事部の役割・機能・仕事への理解や興味促進につながれば幸いである。

　さて、2024年8月に厚生労働省は、雇用政策研究会において、今後の政策の具体的な方向性について報告書をとりまとめ公表している。この報告書では、足下の人手不足が深刻化するなか、「女性・シニア世代を含む、より多くの個人の労働参加を促進することが必要となる」こと、「労働者が適職や自身に合った仕事を見つけ、円滑に入職できる環境整備を進めていくことが必要となる」こと、「様々な制約を抱える労働者も活躍しやすい職場環境を構築することや、デジタルトランスフォーメーション（DX）やグリーントランスフォーメーション（GX）といった構造変化を踏まえ、企業ニーズに合った人材を育成すること」が必要となる旨が述べられている（カッコ内はいずれも上記報告書による）。

　多くの企業等が人材の確保に腐心しているが、人事部がこうした変化を前向きに捉え、柔軟に対応することができれば、人材不足の問題を乗り越え、持続的な企業活動が可能となろう。

　また、2020年以降、政府は人的資本経営の推進を促している。人的資本経営の要素として、「経営戦略と人材戦略の連動」が重要視されているが、この重要性は今後に限ったことではない。これまでも経営戦略と連動した人材戦略が求められてきたところ、人材が一定程度充足していた状況下では、日本の人事部は管理部門としての要素が強くなり、戦略部門としての役割を果たすことができなくなってしまった傾向にある。本来、人材なくして経営戦略の実現はなし得ず、これまでも、そして、これからも人

事部は戦略部門としての立ち位置が求められている。企業価値向上に向けて、中長期的なビジョンの実現に向けてどのような人材が求められるのか。また、その人材を維持確保するためにはどのような制度を設計し、施策を講じる必要があるのか。こうした問いに向き合い、考え続け、経営者、社員、求職者と対話することが求められる。

　変化に対応し、考え続ける人事部。その基礎資料として本書をお役立ていただければ幸いである。

　繰り返しになるが、本書は企業等の人事部を支援するコンサルタント数名が執筆したものである。もし本書が読者各位のお役に立つことができたとすれば、人事部の役割・機能・仕事のあり方について著者らと議論を重ねた数多くの経営者、人事部の日頃のご尽力よるものである。この場を借りて御礼申し上げたい。

　2024年11月

　　　　　　　　　　　　　　　　　　著者を代表して　國澤 勇人

参考文献

［和文］

石井遼介『心理的安全性のつくりかた』日本能率協会マネジメントセンター，2020

井上達夫「労働力人口減少時代を見すえた人材開発制度」（『季刊政策・経営研究』，2009 年 vol.2，三菱 UFJ リサーチ＆コンサルティング）

遠藤功『「カルチャー」を経営のど真ん中に据える「現場からの風土改革」で組織を再生させる処方箋』東洋経済新報社，2022

鹿毛雅治編『モティベーションをまなぶ 12 の理論』金剛出版，2012

株式会社日本総合研究所 人事組織・ダイバーシティ戦略グループ編『コンサルタントが現場から語る 人事・組織マネジメントの処方箋』労務行政，2020

厚生労働省『育児・介護休業法のあらまし』2024

厚生労働省『男女雇用機会均等法のあらまし』2024

厚生労働省『パートタイム・有期雇用労働法の概要』2024

厚生労働省『無期転換ルールハンドブック』2024

厚生労働省・独立行政法人労働者健康安全機構『こころの健康　気づきのヒント集』2019

厚生労働省労働基準局編『令和 3 年版 労働基準法 上 労働法コンメンタール 3』労務行政，2022

島津明人『職場のポジティブ心理学：ワーク・エンゲイジメントの視点から』2009

菅野和夫・山川隆一『労働法〔第 13 版〕』弘文堂，2024

すべての女性が輝く社会づくり本部・男女共同参画推進本部『女性活躍・男女共同参画の重点方針 2024（女性版骨太の方針 2024)』

高原暢恭『人件費・要員管理の教科書』労務行政，2012

中原淳・中村和彦『組織開発の探究 理論に学び、実践に活かす』ダイヤモンド社，2018

林浩二・髙橋千亜希『サステナブル人事 ―SDGs 時代の新しい人材マネジメント』WEB 労政時報（https://www.rosei.jp/readers/article/83457)，2022

吉野 聡・梅田 忠敬（著），松崎 一葉（監）『精神科産業医が明かす 職場のメンタルヘルスの正しい知識』日本法令，2021

労働政策研究・研修機構編『労働関係法規集 2024 年版』労働政策研究・研修機構，2024

労働調査会編『改訂 12 版　チャート労働基準法』労働調査会，2023

［英文］

Dessler, Gary *"Human Resource Management"*, 16th Edition, Global Edition, Pearson Education Limited, 2020

Greenberg, Jerald *"Behavior in Organizations"*, 10th Edition, Global Edition, Pearson Education Limited, 2011

付録1

人事部専門用語集

用語解説の下に本書で該当する項目番号とタイトルを記載

数字・英字

1on1 ミーティング

上司と部下が1対1で定期的に行うミーティングのこと。評価面談のようなフォーマルなミーティングとは異なり、一般的にカジュアルな雰囲気の中で実施される。

→ 15 組織開発

36（サブロク）協定

労働者に法定を超える時間外・休日労働を行わせる場合に必要となる労使協定のこと。労働者の過半数代表等と書面で協定し、労働基準監督署に届け出る必要がある。36協定があれば無制限に時間外労働させることができるわけではなく、上限規制（月45時間、年360時間）がある。

→ 52 労働時間管理① 法定労働時間と時間外労働

CHRO

Chief Human Resource Officer（最高人事責任者）の略称。経営視点と人事プロフェッショナルの視点の双方から、人材戦略の策定を行うことが期待される。

→ 8 人事機能の変革② CHRO と HRBP の設置

→ 86 人事パーソンのキャリア

DX（デジタルトランスフォーメーション）

企業がビジネス環境の激しい変化に対応し、データとデジタル技術を活用して、顧客や社会のニーズをもとに、製品やサービス、ビジネスモデルを変革するとともに、業務そのものや、組織、プロセス、企業文化・風土を変革し、競争上の優位性を確立すること（経済産業省『デジタルガバナンス・コード 2.0』）。

→ 34 人材開発⑤ デジタル人材の育成

HRBP

Human Resource Business Partner の略称。部門が抱える人や組織の課題に対して人事の視点から問題解決を図ることが期待される。

→ 8 人事機能の変革② CHRO と HRBP の設置

→ 86 人事パーソンのキャリア

HR トランスフォーメーション

管理業務が中心だった従来の人事部から、会社の成長に対してより直接的に貢献するべく、戦略企画機能を強化した人事部に変革すること。

→ 7 人事機能の変革① HR トランスフォーメーションの強化

MBO

Management by Objectives の略称で、人事評価の仕組みの1つである「目標管理制度」のこと。期初に定めた個人別目標の達成度を評価する方法。

→ 22 サステナブル人事

→ 42 人事評価② 成果評価とプロセス評価

NIOSH の職業性ストレスモデル

米国国立労働安全衛生研究所（NIOSH、ナイオッシュ）が作成したもので、ストレスに関連した病気や作業能率低下などの問題が生じる際のメカニズムが示されている。
→ 59 安全衛生管理② メンタルヘルスとハラスメント防止

PM 理論

目標達成機能（Performance）と集団維持機能（Maintenance）の 2 軸でリーダーシップのパターンを示した考え方。
→ 12 リーダーシップ

SL 理論

Situational Leadership Theory（状況対応型リーダーシップ理論）。メンバーの成熟度に合わせてリーダーシップのスタイル（「指示型」「説得型」「援助型」「委任型」）を変えることが重要とした理論。
→ 12 リーダーシップ

SSC

Shared Service Center の略称。事業特性の影響を比較的受けにくい経理・財務、人事、総務に関する定型的な業務を集約化した機能子会社のこと。
→ 24 グループ会社における人事機能のあり方

あ行

アブセンティイズム

心身の体調不良が原因による遅刻や早退、就労が困難な欠勤（absent）、休職など、業務自体が行えない状態のこと。
→ 59 安全衛生管理② メンタルヘルスとハラスメント防止

アルムナイ

自社を退職した人材のこと。新たな採用候補者プールとして、自社のアルムナイネットワークを積極的に形成しようと取り組む企業が増加している。
→ 62 雇用管理③ アルムナイとカムバック採用

アンコンシャスバイアス

無意識の偏見や思い込みのこと。ステレオタイプバイアス、確証バイアス、正常性バイアス、ハロー効果、親和性バイアス、慈悲的差別などが知られている。
→ 16 ダイバーシティ＆インクルージョン

ウルリッチ・モデル

ミシガン大学の D・ウルリッチが提唱する 人事 の 機能・役割モデル。Shared Services、Centers of Expertise、Business Partners の 3 つで構成される。三脚モデル（three-legged model）ともいう。HRBP など昨今の人事機能改革トレンドに大きな影響を与えている。
→ 6 人事の役割と機能
→ 8 人事機能の変革② CHRO と HRBP の設置

か行

解雇予告手当

会社が従業員を解雇する際に、解雇予告日から解雇日までの日数が 30 日未満の場合に、従業員に対して支払う手当。30 日に満たない日数分の平均賃金が支給される。

付録1

人事部専門用語集

241

→ 72 労働基準法

確定給付年金

加入期間中の給与や資格等級など、あらかじめ規程で定める条件に従い退職後に受給する給付額が一意に定まる年金制度。DB（Defined Benefit）ともいう。
→ 51 報酬管理⑥ 退職給付制度

確定拠出年金

加入期間中の給与等に応じて掛金を拠出し、その運用成績に応じて受給額が変動する年金制度。DC（Defined Contribution）ともいう。
→ 51 報酬管理⑥ 退職給付制度

カフェテリアプラン

住宅、レクリエーション、自己啓発、育児・介護など、あらかじめ用意されたメニューの中から従業員が自由に選択して福利厚生サービスを受給できる制度。
→ 68 福利厚生② 住宅支援策・カフェテリアプラン

カムバック採用

退職した社員を再度採用すること。以前は「出戻り」とネガティブなワードが使われることもあったが、近年ではポジティブに「カムバック」というワードが用いられる。
→ 62 雇用管理③ アルムナイとカムバック採用

間接差別

性別を直接的な理由とはしていなくても実質的には特定の性別に対する差別に該当するもの。例えば、身長や体重を採用要件にすることや、転勤経験を昇進要件にすることが該当する。男女雇用機会均

等法の 7 条に定められている。
→ 77 男女雇用機会均等法

基準内賃金

画一的な定義は存在しないが、一般に、法定労働時間を超えて働いた場合に支払われる割増賃金を計算する際、その算定基礎額に含める賃金を基準内賃金とすることが多い。基本給に加え、諸手当の一部がこれにあたる。
→ 46 報酬管理① 賃金と総額人件費の体系

機能別組織

営業・生産・総務・経理など経営機能別に作られた組織。効率的な体制である一方、部門の縦割り化が強くなると組織がサイロ化・タコツボ化したり全体最適が損なわれたりすることがある。
→ 13 組織構造と組織の組み立て方

グループ内公募制度

人材を必要とする会社・部署がグループ内で募集をかけ、従業員が自分の意志で応募する「グループ内転職」の仕組み。単体企業であれば、「社内公募制度」と呼ばれる。
→ 25 グループ人材マネジメント戦略

高度専門人材

特定の分野におけるスペシャリストとして、社内外に通用する高度専門スキルを有する人材。コース別人事管理ではエキスパート系のコースで処遇される。専門性の高さによっては役員相当や部長相当の処遇を与える企業もある。
→ 39 処遇制度⑤ コース別人事管理の設計と運用

高度プロフェッショナル制度

高度専門業務に従事し、年収が一定金額（1075万円）以上の労働者について、労使委員会の決議や労基署への届出等を要件として、労働時間規制の適用を除外する制度。本人の同意も必要。

→ 57 労働時間管理⑥ 管理監督者と高度プロフェッショナル

高年齢者雇用確保措置

定年年齢を65歳未満に定めている事業主は、「65歳までの定年の引上げ」「65歳までの継続雇用制度の導入」「定年の廃止」のいずれかの措置を実施する必要がある。

→ 60 雇用管理① 定年制と高齢者雇用

コーポレートガバナンス・コード

実効的なコーポレートガバナンスの実現に資する主要な原則として東京証券取引所が取りまとめたもの。

→ 21 人的資本の開示

コーポレートセンター機能

企業価値向上に向けた戦略推進、コントロール、企業責任に関する機能のこと。人事業務であれば、人材戦略、要員計画、採用、育成、配置、評価、処遇などが該当する。

→ 7 人事機能の変革① HRトランスフォーメーションの強化

コンピテンシー

優れた成果を創出する個人の能力・行動特性のこと。人事評価を行う際の基準として用いられることがある。

→ 41 人事評価① 人事評価制度の目的と体系

→ 42 人事評価② 成果評価とプロセス評価

さ行

サービスセンター機能

いわゆる間接業務であり、業務特性が定型的で、一定水準のサービスを効率的に遂行することが求められる機能のこと。人事業務であれば、給与計算や福利厚生対応などが該当する。

→ 7 人事機能の変革① HRトランスフォーメーションの強化
→ 24 グループ会社における人事機能のあり方

サーベイフィードバック

従業員アンケートなどの結果を組織内で共有し、前向きに次のアクションを議論する取組み。アンケート結果を正面から受け止め、具体的な改善活動につなげるために実施される。

→ 15 組織開発

裁量労働制

遂行方法や時間配分について上司が具体的な指示を出すことが困難な業務について、労使協定で定めた時間だけ働いたものとみなす制度。専門業務型と企画業務型がある。

→ 55 労働時間管理④ 裁量労働制

サクセッションプラン

社長や経営幹部といった会社の重要ポジションについて、一定の基準で候補者を選抜し、計画的に配置、育成する一連の取組みのこと。

→ 33 人材開発④ 経営人材の育成（サクセッションプラン）

243

サステナブル人事

短期的な利益を追求するだけでなく長期的な企業価値向上の視点を持って、顧客や投資家はもとより、従業員、行政、社会などさまざまなステークホルダーに応える人材マネジメント。戦略人事の進化系にあたる。

→ 22 サステナブル人事

産後パパ育休

通常の育児休業とは別に、子どもの出生後8週間以内に最長4週間の休業を取得できる制度。2回に分割して取得することが可能で、労使協定があれば本人の希望により休業期間中に就業することもできる。

→ 79 育児・介護休業法② 育児関連の諸制度

産前休業・産後休業

出産予定または出産後の女性が取得できる休業。産前休業は6週間以内に出産予定のある女性が取得可能で、女性から請求がなければ休業させる義務はない。産後休業は出産の翌日から8週間の休業で、女性から請求がなくても休業させる義務がある。ただし、出産後6週間を経過して女性が希望した場合には就業させることが可能。

→ 72 労働基準法

事業場外労働のみなし労働時間制

労働者が事業場外で勤務し労働時間を算定しがたいとき、所定労働時間働いたものとみなす制度。ただし、通常、所定労働時間では完了しない業務の場合は、通常必要とされる時間がみなし時間になる。

→ 54 労働時間管理③ 事業場外労働のみなし労働時間制

事業部制組織

事業のまとまりごとに作られた組織。事業に必要な機能が1つの組織に揃っているため機動力に優れる。発展系としてカンパニー制組織も存在する。

→ 13 組織構造と組織の組み立て方

児童・年少者

労働基準法では、満15歳に達した以後の最初の3月31日が終了する日まで(中学校卒業まで)の者を「児童」、中学校卒業後満18歳に満たない者を「年少者」とし、一般の労働者とは異なる規定を定めている。

→ 72 労働基準法

従業員エンゲージメント

組織への愛着や誇り、組織へのコミットメント、組織に対する自己効力感などがある状態であり、属する組織に対するポジティブな心理状態を指す。

→ 10 エンゲージメントの向上

就業規則

会社で働く上でのルールや労働条件について定めたもの。常時10人以上の労働者を雇用する企業は、就業規則を作成し、労働基準監督署に届け出る必要がある。

→ 72 労働基準法

障害者雇用率

常用労働者の数に対する障害者の雇用率。障害者雇用促進法において法定雇用率が定められている。

→ 61 雇用管理② 障害者雇用

職種別人材管理

社員のキャリアを職種ごとに区別し、人

材マネジメントも職種別に実施する方法。採用から退職まで賃金水準等の処遇ルールも職種別に設定・運用する。

→ 39 処遇制度⑤ コース別人事管理の設計と運用

ジョブ型雇用

「ジョブ（職務）」に価値を置く雇用の概念。雇用契約は職務に連動し、職務にふさわしい人材を、職務にふさわしい待遇で雇用する。

→ 35 処遇制度① メンバーシップ型とジョブ型

職務記述書（ジョブディスクリプション）

ジョブ型の人事制度において、処遇の根拠となる「ジョブ（職務）」の内容（レベル・範囲）を定めるもの。組織や業務の設計時に、役職や担当職務の区分で定義されることが多い。

→ 37 処遇制度③ 職務等級制度

職能資格制度

「職務遂行能力（職能）」の高さに基づいて、等級・人事評価・賃金等の処遇を決定する人事制度のこと。日本のメンバーシップ型の人材マネジメントに適合しやすい人事制度として、多くの企業で採用されてきた。

→ 36 処遇制度② 職能資格制度

職務等級制度

「職務（ジョブ）」の価値に基づいて、等級・人事評価・賃金等の処遇を決定する人事制度のこと。ジョブ型の人材マネジメントに適合しやすい人事制度である。

→ 37 処遇制度③ 職務等級制度

所定外給与

いわゆる「残業代」にあたり、会社が定める労働時間を超えて働いた場合に、その時間に応じて支給される。

→ 46 報酬管理① 賃金と総額人件費の体系

所定内給与

毎月固定的に支給される給与の総額のこと。基本給と諸手当で構成される。

→ 46 報酬管理① 賃金と総額人件費の体系

人材戦略

経営戦略・事業戦略を実行するための人材を確持・確保に向けた具体的な計画の集合体。

→ 18 人材戦略

人材データ

従業員に関する情報のこと。等級や所属部署などの基礎的な情報から、勤怠状況や給与、人事評価、保有資格、職務経歴、研修受講履歴など多岐にわたる。

→ 23 人事情報システム戦略

（人材の）市場価値

「保有するスキル」や「担当職務と同程度の職務」に対する、他社での賃金相場や評価を指す。メンバーシップ型雇用が主となる日本では、賃金水準等は業界や企業規模で決まることが多い。市場価値が形成されているのは一部の職種や高度専門人材に限られているのが実態である。

→ 37 処遇制度③ 職務等級制度

人材ポートフォリオ

企業内の人材をある条件に基づいて人材

付録1 人事部専門用語集

245

群に分類し、質と量を明らかにしたもの。
→ 19 人材ポートフォリオ

人的資本経営

人材を資本として捉え、その価値を最大限に引き出すことで、中長期的な企業価値向上につなげる経営のあり方。
→ 17 人的資本経営

心理的安全性

組織の中で自由に発言しても対人関係の問題に発展しないとメンバーが信じられる状態。心理的安全性が高いと組織パフォーマンスや創造性が向上するとされる。
→ 11 心理的安全性

成果主義

業務上の成果や実績に応じて昇給・賞与等に大きな格差を設ける人事処遇ポリシーのこと（Pay for Performance）。年功主義との対比で用いられることが多く、1990年代後半頃から人事用語として定着。
→ 4 人事管理の発展史② 戦後から人的資本経営まで

成功の循環モデル

組織を「関係の質」「思考の質」「行動の質」「結果の質」から捉える考え方であり、まず「関係の質」を高めることが好循環を生むとされる。
→ 15 組織開発

総合職

担当する職務を明確に定めることなく雇用し、将来幹部人材となることを期待する人材。部署横断的に異動しながら、自社の業務に関する幅広い経験を蓄積し、人脈を構築することで、社内ゼネラリスト

として成長する。コース別人事管理ではマネジメント系のコースで処遇される。
→ 39 処遇制度⑤ コース別人事管理の設計と運用

組織開発

社員の関係性を深め、より良い組織を目指すための取組み。大きく、診断型組織開発と対話型組織開発の2つのアプローチがある。
→ 15 組織開発

組織風土

社員の考え方や行動に影響する一連の規範や価値観、行動特性のこと。一般に、良い組織風土には会社を問わず普遍性がある。
→ 14 組織風土と組織文化

組織文化

過去の成功体験をもとに意識的に明文化する信念や価値観のこと。一般に、会社ごとの独自性が強い。
→ 14 組織風土と組織文化

た行

ダイバーシティ＆インクルージョン

組織の多様性、公平性、包摂性、帰属性を高め、働く人が自社を自分の居場所であると感じられる環境を作る取組み。近年では「DEIB」と表現されることも多い。
→ 16 ダイバーシティ＆インクルージョン

多様な正社員

勤務時間や勤務地、職務等が一定範囲に限定された正社員のこと。これらが無限定のいわゆる正社員（総合職など）との対

比で用いられ、多様な働き方を可能とする雇用管理制度とされる。

→ 64 雇用管理⑤ 多様な正社員

タレントマネジメント

従業員等の業務経歴・スキル・人事評価等のデータを一元的に集約し、人事戦略を実現するための配置転換や人材育成を行うプロセス。

→ 20 タレントマネジメント
→ 23 人事情報システム戦略

単産（産業別単一労働組合）

企業別の単位労働組合が産業ごとに結集した連合体のこと。「産別」ともいう。例：UA ゼンセン、自動車総連、電機連合など。

→ 70 労働組合と労使関係② 労働組合の現状

電産型賃金

戦後復興期に日本電気産業労働組合協議会の要求によって実現した賃金体系。生活保障給的な色彩が濃く、他産業にも大きな影響を与えた。

→ 4 人事管理の発展史② 戦後から人的資本経営まで

同一労働同一賃金

同じ仕事をしている労働者に対しては、労働者の属性にかかわらず同じ賃金を支払うという考え方。日本においては、正規雇用労働者と非正規雇用労働者との間の不合理な待遇差の解消という文脈で語られることが多い。均衡待遇・均等待遇という考え方が原則とされ、それぞれパートタイム・有期雇用労働法 8 条・9 条に定められている。

→ 76 パートタイム・有期雇用労働法②

同一労働同一賃金

な行

内発的動機付け

活動自体から生じる満足に動機付けられている状態。一方、金銭や名誉などの外的報酬に動機付けられている状態を「外発的動機付け」と呼ぶ。

→ 9 モチベーション

ナショナルセンター

単産が集合した全国的な中央組織のこと。例：連合、全労連など。

→ 70 労働組合と労使関係② 労働組合の現状

名ばかり管理職

労働基準法に定める要件を満たさないにもかかわらず管理・監督者として扱われている社員のこと。残業手当の支給対象から除外するため、意図的にこのような取扱いが行われるケースもある。

→ 57 労働時間管理⑥ 管理監督者と高度プロフェッショナル

年次有給休暇

毎年一定日数付与される有給休暇のこと。フルタイム労働者の場合、6 カ月継続勤務で 10 日、以降は 1 年ごとに 1 ～ 2 日加算され、最大で 20 日の年次有給休暇の付与義務がある（全労働日の 8 割以上出勤要件あり）。

→ 56 労働時間管理⑤ 年次有給休暇

付録 1 人事部専門用語集

247

は行

ハーズバーグの二要因理論

人間の欲求を賃金や労働環境、職場の人間関係などの「衛生要因」と達成感や周囲からの承認、成長機会などの「動機付け要因」の2つに分けて整理する考え方。

→ 9 モチベーション

パートタイム労働者・有期雇用労働者

パートタイム労働者は、同じ企業内の通常の労働者よりも1週間の所定労働時間が短い労働者、有期雇用労働者は、期間の定めのある労働契約を締結している労働者を指す。

→ 75 パートタイム・有期雇用労働法①
パート社員と有期社員の法律上の保護

ハイブリッド型等級制度

複数の種類の等級制度を併用する人事制度のこと。例えば、「管理職は役割等級制度で非管理職は職能資格制度とする場合」や「同一階層に職務等級制度と職能資格制度の両方を適用する場合」等、さまざまなバリエーションがある。「ダブルラダー型等級制度」とも呼ぶこともある。

→ 36〜40 処遇制度②〜⑥

パパ・ママ育休プラス

両親がともに育休を取得する場合、育児休業期間を子が1歳2カ月になるまで延長できる制度。本人より先に配偶者が育児休業を取得しており、本人は子が1歳に達する前に育児休業を開始することが要件。

→ 79 育児・介護休業法② 育児関連の諸制度

不当労働行為

使用者が労働組合や労働者に対して行う、法で認められた権利の行使を阻害する行為のこと。労働組合員に対する不利益取扱い、団体交渉の拒否、支配介入、報復的不利益取扱いの4類型がある。

→ 71 労働組合と労使関係③ 団体交渉と不当労働行為

プレゼンティイズム

健康の問題を抱えつつも出勤し（present）、仕事を行っている状態のこと。生産性低下の要因とされ、将来的にアブセンティイズムにつながる懸念がある。

→ 59 安全衛生管理② メンタルヘルスとハラスメント防止

フレックスタイム制

一定期間の総枠労働時間の範囲内で、労働者が始業・終業時刻を自ら選択・決定できる制度。導入に際しては、労使協定の締結等が必要。

→ 53 労働時間管理② 変形労働時間制

プロジェクト型組織

社員がいずれかの組織に所属した上で、適宜組成されるプロジェクトにメンバーとして参加する組織体制。

→ 13 組織構造と組織の組み立て方

平均賃金

労働基準法12条に定められており、直近3カ月の総賃金をその期間の暦日数（土日祝も含む）で割った金額。解雇予告手当や休業手当の計算などに用いられる。

→ 72 労働基準法

ベースアップ

給与のベースとなる基本給の水準を、勤続年数や人事評価の結果に関係なく、一

斉に底上げすること。物価上昇などを考慮して行う。

→ 47 報酬管理② 総額人件費の管理

→ 49 報酬管理④ 基本給の設計方法

変形労働時間制

一定期間を平均し週法定労働時間を超えない範囲内で、特定の週または日に 40 時間または 8 時間を超えて労働させることができる制度。導入に際しては、労使協定の締結等が必要。

→ 53 労働時間管理② 変形労働時間制

法定外福利

企業の判断により任意に従業員に提供する福利厚生のこと。社宅・寮、食事補助、慶弔見舞金、レクリエーション活動補助、財産形成支援などが典型例として挙げられる。

→ 67 福利厚生① 福利厚生の意義と法定福利・法定外福利

法定福利

法令によって企業に義務付けられている福利厚生のこと。雇用保険、労災保険、健康保険、厚生年金保険などが該当する。

→ 67 福利厚生① 福利厚生の意義と法定福利・法定外福利

法内残業

労働基準法が定める法定労働時間の範囲内で行われる残業のこと。例えば、所定労働時間 7 時間の会社で 8 時間働いた場合、所定労働時間越えの 1 時間は法定労働時間の範囲内で行われる法内残業となる。

→ 52 労働時間管理① 法定労働時間と時間外労働

ポジティブ・アクション

社会的・構造的な差別によって不利益を被っている者に対して、一定の範囲で特別の機会を提供することなどにより、実質的な機会均等を実現することを目的として講じる暫定的な措置（内閣府男女共同参画局の定義）。

→ 16 ダイバーシティ＆インクルージョン、

→ 77 男女雇用機会均等法

ま行

無期転換ルール

同一の使用者との間で有期労働契約が通算 5 年を超えた場合、労働者が申し込むことで無期労働契約に転換できる制度。労働者が申し込んだ時点で、その時点の有期労働契約の期間満了日の翌日を始期とする無期労働契約が成立し、会社は申し込みの拒否はできない。

→ 74 労働契約法② 有期労働契約

メンバーシップ型雇用

組織の構成員（メンバー）である「人」に価値を置く雇用の概念。雇用契約は職務と直接連動せず、人の「成長」や組織内における「影響力」に応じた待遇で雇用する。

→ 35 処遇制度① メンバーシップ型とジョブ型

モチベーション

動機付けのこと。欲求、感情、認知、環境の 4 つがモチベーションに影響を与える要素とされる。

→ 9 モチベーション

付録 1 人事部専門用語集

249

や行

役割等級制度

「役割」の大きさに基づいて、等級・人事評価・賃金等の処遇を決定する人事制度のこと。ジョブ型の人材マネジメントに適合しやすい一方で、メンバーシップ型の要素も盛り込むことが可能であるため、ジョブ型への移行を検討する際の「折衷案」として採用されることがある。

➡ 38 処遇制度④ 役割等級制度

雇止め

有期労働契約の期間満了時に使用者が契約更新を拒否し、雇用契約を終了させること。労働基準法 19 条では、一定の条件下での雇止めが無効になる旨を定めている（雇止め法理）。

➡ 74 労働契約法② 有期労働契約

有価証券報告書

金融商品取引法に基づき、事業年度ごとに企業が自ら企業の情報や経営状況について外部へ開示する資料。上場会社などは事業年度終了後 3 カ月以内にこの報告書を提出することが義務付けられている。

➡ 21 人的資本の開示

ら行

リスキリング

「学び直し」のこと。既存スキルの補強ではなく、これまでのキャリアで得ることのできなかったスキルを新たに学習することをいう。

➡ 31 人材開発② リスキリング

労働協約

労働組合と会社の取り決めをまとめた書面。労使双方の署名または記名押印が必要とされ、有効期間は最大で 3 年間。

➡ 71 労働組合と労使関係③ 団体交渉と不当労働行為

労働災害

業務中や通勤中に発生したケガや病気のことで、業務災害・通勤災害・複数業務要因災害の 3 種類ある。治療費や休業中の生活費は事業主が加入する労災保険から補償される。

➡ 65 労働・社会保険① 労働保険（雇用保険・労災保険）

労働者派遣

派遣会社が自社の労働者を派遣先の指揮命令のもとで働かせること。派遣労働者の使用者としての雇用責任は派遣会社が負う。

➡ 81 労働者派遣法

わ行

ワークエンゲージメント

熱意・没頭・活力の 3 つが揃った状態であり、仕事そのものに対するポジティブな心理状態を指す。

➡ 10 エンゲージメントの向上

ワールドカフェ

テーブルを移動しながら多人数とディスカッションを行うワークショップ手法。組織開発の一環でよく実施される。

➡ 15 組織開発

付録2

人事部お役立ち情報源

◆統計調査

名称/発行機関	活用シーン/活用方法/URL	関連テーマ
賃金構造基本統計調査 [厚生労働省]	業種別・規模別の従業員平均年齢、年齢階層別の人員数・報酬水準（月例給・賞与）、役職別の報酬水準等の動向を確認することができる。 https://www.mhlw.go.jp/toukei/list/chinginkouzou.html	人員/労務構成/賃金
毎月勤労統計調査 [厚生労働省]	雇用・給与・労働時間やその変動状況に関する調査。企業人事部の立場からは、所定外労働時間数など労働時間の世間動向等を確認する際に役立つ。 https://www.mhlw.go.jp/toukei/list/30-1.html	労働時間/WLB*
賃金引上げ等の実態に関する調査 [厚生労働省]	平均昇給額・率、定期昇給やベースアップの実施状況等に関する世間動向を確認することができる。 https://www.mhlw.go.jp/toukei/list/12-23.html	人件費/報酬
賃金事情等総合調査 [厚生労働省] [中央労働委員会]	賃金や退職金・年金、定年制、労働時間、休日・休暇等の世間動向を確認することができる。 https://www.mhlw.go.jp/toukei/list/107-1.html	人件費/報酬/労働時間
民間企業退職給付調査 [人事院]	退職給付の世間動向を確認することができ、自社の退職金制度を設計する際に参考になる。 https://www.jinji.go.jp/kouho_houdo/toukei/taisyokukyuufu/taisyokukyuufu_ichiran.html	人件費/報酬
雇用動向調査 [厚生労働省]	入職率・離職率等の状況を産業別・就業形態別・雇用形態別に確認することができる。 https://www.mhlw.go.jp/toukei/list/9-23-1.html	採用・退職
能力開発基本調査 [厚生労働省]	計画的なOJTやOFF-JT、自己啓発の実施状況、教育訓練費の支出状況等に関する世間動向を確認することができる。 https://www.mhlw.go.jp/toukei/list/104-1.html	育成/キャリア
高年齢者雇用状況等報告 [厚生労働省]	65歳までの高年齢者雇用確保措置や70歳までの高年齢者就業確保措置の実施状況、定年制の状況等を確認することができる。（下記リンクは令和5年調査のもの） https://www.mhlw.go.jp/stf/newpage_36506.html	D&I**
就労条件総合調査 [厚生労働省]	労働時間制度、賃金制度、退職給付制度に関する世間動向を確認することができる。 https://www.mhlw.go.jp/toukei/list/11-23.html	報酬/労働時間
障害者雇用状況 [厚生労働省]	障害者雇用者数、雇用率、法定雇用率達成企業の割合等を確認することができる。（下記リンクは令和5年調査のもの） https://www.mhlw.go.jp/stf/newpage_36946.html	D&I
雇用均等基本調査 [厚生労働省]	女性社員比率や女性管理職比率、育児休業制度、多様な正社員制度等に関する世間動向を確認することができる。 https://www.mhlw.go.jp/toukei/list/71-23.html	D&I

＊WLB：ワーク・ライフ・バランス　＊＊D&I：ダイバーシティ＆インクルージョン

◆資料・データベース

名称／発行機関	活用シーン／活用方法／URL	関連テーマ
職業能力評価基準 [厚生労働省]	職務遂行に必要な知識や技術・技能、成果につながる職務行動例が、業種別・職種別に整理されており、人材採用や人材開発、人事評価の基準を検討する際に参考になる。 https://www.mhlw.go.jp/stf/seisakunitsuite/bunya/koyou_roudou/jinzaikaihatsu/ability_skill/syokunou/index.html	育成／キャリア
職業情報提供サイト「jobtag」 [厚生労働省]	さまざまなジョブ（業種・職種）の内容・タスク・スキルがデータベース化されており、採用時の人材要件や人事評価の基準を明確化する際に参考になる。 https://shigoto.mhlw.go.jp/User	育成／キャリア
女性の活躍推進企業データベース [厚生労働省]	女性活躍推進の取組みについて、データベースに登録している企業の事例を、業種・企業規模などで条件設定して検索することができる。 https://positive-ryouritsu.mhlw.go.jp/positivedb/	D&I
なでしこ銘柄 [経済産業省]	女性活躍推進に優れた上場企業の取組みが紹介されており、自社のダイバーシティ＆インクルージョンの施策を設計する際に参考になる。 https://www.meti.go.jp/policy/economy/jinzai/diversity/nadeshiko.html	D&I
デジタルトランスフォーメーション銘柄（DX銘柄） [経済産業省]	競争力強化に向けてDXに取り組む「DX銘柄」企業の事例が掲載されており、デジタル人材の育成施策を検討する際に参考になる。 https://www.meti.go.jp/policy/it_policy/investment/keiei_meigara/dx_meigara.html	デジタル人材
健康経営銘柄 [経済産業省]	従業員等の健康管理を経営的な視点で考え、戦略的に実践する「健康経営」に優れた企業の取組みの概要が紹介されている。 https://www.meti.go.jp/policy/mono_info_service/healthcare/kenko_meigara.html	メンタルヘルス
競合他社の有価証券報告書	競合他社の総額人件費、人件費率、1人あたり人件費、労働分配率、平均年収などを確認することができ、自社の賃金制度を設計する際に参考になる。各上場企業のコーポレートサイト、または以下のEDINETで確認できる。 https://disclosure2.edinet-fsa.go.jp/WEEK0010.aspx	人件費／報酬
各企業が発行している媒体	上場企業が発行している情報開示媒体（中期経営計画、有価証券報告書、Sustainability Report、Human Capital Reportなど）では、各社の人材マネジメントの取組みが紹介されている。各企業のコーポレートサイトで確認できる。	その他

◆指針・ガイドライン

名称/発行機関	活用シーン/活用方法/URL	関連テーマ
労働時間の適正な把握のために使用者が講ずべき措置に関するガイドライン [厚生労働省]	労働時間の考え方や、始業・終業時刻の確認および記録の方法等が示されており、自社の労働時間管理のあり方を検証する際に参考になる。 https://www.mhlw.go.jp/file/06-Seisakujouhou-11200000-Roudoukijunkyoku/0000149439.pdf	労働時間/ WLB
テレワークの適切な導入及び実施の推進のためのガイドライン [厚生労働省]	テレワークの導入および実施にあたり、労務管理上の留意点や望ましい取組み等が示されている。 https://www.mhlw.go.jp/content/000759469.pdf	労働時間/ WLB
副業・兼業の促進に関するガイドライン [厚生労働省]	副業・兼業の場合における労働時間管理、健康管理等について示したガイドライン。副業・兼業の新規導入または見直しを行う際に参考になる。 https://www.mhlw.go.jp/content/11200000/000962665.pdf	雇用管理
同一労働同一賃金ガイドライン [厚生労働省]	同一労働同一賃金の実現に向けて、自社における正規・非正規の待遇の妥当性を検証する際に参考になる。 https://www.mhlw.go.jp/content/11909000/001246985.pdf	雇用管理

◆ウェブサイト・情報源

名称/発行機関	活用シーン/活用方法/URL	関連テーマ
働く人のメンタルヘルス・ポータルサイト『こころの耳』 [厚生労働省]	メンタルヘルスに関する基礎知識や、具体的な対応方法についてQ&Aなどが掲載されている。 https://kokoro.mhlw.go.jp/	メンタヘルス
あかるい職場応援団 [厚生労働省]	ハラスメントに関する基礎知識や該当事例に加え、企業の管理職や人事担当者向けの研修コンテンツも掲載されている。 https://www.no-harassment.mhlw.go.jp/	ハラスメント
働き方・休み方改善ポータルサイト [厚生労働省]	働き方、休み方の見直しや改善に役立つ事例や、課題別の対策がデータベースとしてまとめられている。 https://work-holiday.mhlw.go.jp/	労働時間/ WLB
有期契約労働者の無期転換ポータルサイト [厚生労働省]	無期転換ルールの概要やFAQ、企業事例について紹介されている。 https://muki.mhlw.go.jp/	雇用管理
働く女性の心とからだの応援サイト [厚生労働省]	職場全体で女性特有の健康課題を認識し、サポート体制を整えるために必要な情報を掲載している。 https://www.bosei-navi.mhlw.go.jp/health/introduction.html	雇用管理
両立支援のひろば [厚生労働省]	仕事と家庭の両立支援に関する取組み事例の紹介や、自社の両立支援制度の診断ができる。 https://ryouritsu.mhlw.go.jp/index.html	雇用管理
職場の安全サイト [厚生労働省]	労働災害統計や労働災害事例などがデータベースとしてまとめられている。 https://anzeninfo.mhlw.go.jp/	労働災害

付録2 人事部お役立ち情報源

索 引

数字，英字

1on1ミーティング	50,236
36協定	150,236
CHRO	28,29,230,236
CxO	194
D&I	16,52
DB（確定給付年金）	148,149
DC（確定拠出年金）	148,149
DEIB	52
DX	236
ESG	58
HRBP	6,28,29,236
HRM	14
HRコンピテンシー	226,227
HRトランスフォーメーション	26,27,74,82,236
MBO	236
MBO型	126,127
NIOSHの職業性ストレスモデル	166,167,237
OD（組織開発）	48
OFF-JT	92,93
OJT	92,93
PDSサイクル	124,125
PM理論	40,41,237
SL理論	40,41,237
SSC（シェアードサービスセンター）	76,77,237

あ

アブセンティイズム	166,237
アルムナイ	36,174,175,237
アンコンシャスバイアス	54,55,237
安全管理者	164
安全配慮義務	200
育児・介護休業法	210
育児休業	212,213
育児休業給付	180,181
インクルージョン	52,53

ウルリッチ・モデル	24,25,237
ウルリッチ，D	24,28
衛生管理者	164
エクイティ	52,53
エンゲージメント	34
エンゲージメントサーベイ	34
オープンイノベーション	82
親会社	76

か

解雇	196
介護休暇	210
介護休業	210,211
解雇予告手当	196,237
会社法	218,219
階層別教育	94,95
外発的動機付け	32
科学的管理手法	18
確証バイアス	54,55
確定給付年金	148,149,238
確定拠出年金	148,149,238
カフェテリアプラン	186,187,238
株式会社	218,219
カムバック採用	174,175,238
関係会社	76
監査等委員会設置会社	218,219,221
監査役会設置会社	218,219,221
間接差別	208,209,238
カンパニー制組織	44,45
管理監督者	162,163
関連会社	76
企画業務型裁量労働制	157
企業年金制度	148
基準外賃金	134
基準内賃金	134,238
機能別組織	42,43,238
機能子会社	76
基本給	138,139,140,141
キム，ダニエル	51
キャリアオーナーシップ	104

キャリア形成	98,99	裁量労働制	156,239
給与	134	サクセッションプラン	100,101,239
教育制度	92	サステナビリティ	58
教育体系	94,95	サステナブル人事	72,73,240
教育の効果測定	94,95	三脚モデル	24
狭義の HRM	14	産業医	164
共生社会	172	産後パパ育休	212,213,240
業績給	138,139	産後休業	198,240
業務災害	180	産前休業	198,240
均衡待遇	206,207	シェアドリーダーシップ	40
勤続給	138,139	資格等級	108,109
均等待遇	206,207	時間外労働	150,151
グループ会社	76	時間外労働の制限	214,215
グループ共通のキャリア・シート	78	事業子会社	76
グループ人材マネジメント戦略	78,79	事業場外労働のみなし労働時間制	
グループ内公募制度	78,238		154,155,240
グローバル人材戦略	80,81	事業部制組織	42,43,240
兼業	176,177	自己啓発	92,93
健康保険	182,183	失業等給付	180,181
現地志向	80,81	児童	198,240
コアタイム	152	慈悲的差別	54,55
降格	122	指名委員会等設置会社	219,220,221
後継者計画	100	社会保険	182,183
合資会社	218,219	従業員エンゲージメント	34,35,240
降職	122	就業規則	198,240
厚生年金保険	182,183	集団浅慮	52
合同会社	218,219	出生時育児休業	212,213
高度専門人材	14,238	障害者雇用率(制度)	173,240
高度プロフェッショナル(制度)	162,163,239	障害者職業生活相談員	173
高年齢者雇用安定法	168	障害者雇用	172
高年齢者雇用確保措置	169,170,239	障害者雇用納付金制度	173
合名会社	218,219	障害者雇用促進法	172
高齢者雇用	168	昇格	122
コース別人事管理	120,121	昇格昇給	142
コーポレートガバナンス・コード	68,69,239	昇進	122
コーポレートセンター機能	26,27,239	条文	222,223
子会社	76	賞与	134,144,145
子の看護休暇	212	処遇反映	128,129
雇用保険	180,181	職種別人材管理	240
コンピテンシー	124,126,239	職種別人事制度	120,121
コンプライアンス	228,229	職能給	110,138,139
		職能資格制度	20,108,109,110,111,138,139,241
		職務価値	112,114

さ

サービスセンター機能	26,27,239	職務記述書	112,241
サーベイフィードバック	50,239	職務給	114,115,138,139
最低昇給保証額	142	職務等級	112,113
採用活動	90,91	職務等級制度	112,113,138,139,241
		所定外給与	134,241

255

所定外労働の制限	214,215
所定内給与	134,241
ジョブ型	104,105,106,107
ジョブディスクリプション	112,241
ジョブ型雇用	22,23,241
シングルレート	140
人件費	134,135
人材開発	92,93
人材開発体系	92,93
人材管理	14
人材戦略	62,63,241
人材データ	74,75,241
(人材の)市場価値	112,114,241
人材版伊藤レポート2.0	34
人材版伊藤レポート	58
人材ポートフォリオ	64,65,241
人材ポートフォリオ管理	22
人事プロフェッショナル	22
人事情報	74
人事情報システム戦略	74,75
人事評価制度	124
診断型組織開発	48,49
人的資源管理	18
人的資本経営	58,242
人的資本の開示	68,69
深夜業の制限	214,215
心理的安全性	38,242
親和性バイアス	54,55
スーパーフレックスタイム制	152
ステレオタイプバイアス	54,55
成果主義	242
成果評価	126,127
成功の循環モデル	51,242
セクハラ	208,209
絶対的明示事項	196,197
絶対評価	128
攻めのHRM	14
専門業務型裁量労働制	156
総額人件費	136,137
総合職	120,242
相対的明示事項	196,197
相対評価	128
組織開発	48,54,55,242
組織風土	46,47,242
組織文化	46,47,242
卒業要件	122,123
ソフトスキル	93,232,233

た

退職給付制度	146,147
退職金	134
ダイバーシティ	52,53
ダイバーシティ＆インクルージョン	52,242
対話型組織開発	48,49
タフアサインメント	36,101
多様な正社員	178,179,242
タレントマネジメント	66,67,74,243
単位組合	191
団結権	188
単産(産業別単一労働組合)	190,191,243
男女雇用機会均等法	208,209
団体交渉(団交)	192,193
地域限定社員	178
賃金	134,135
通期評価	130
通勤災害	180
通達	222,223
定期昇給	142
定年制	168
テーマ別選択教育	94,95
テーマ別必須教育	94,95
テーラー,F	18,19
デジタル人材	102,103
テレワーク	154
電産型賃金	243
同一労働同一賃金	206,207,243
統括安全衛生管理者	164

な

内発的動機付け(理論)	32,243
ナショナルセンター	190,191,243
名ばかり管理職	162,243
日本的ジョブ型人事制度	116
入学要件	122,123
年次有給休暇	158,159,243
年少者	196,198,240
年齢給	138,139

は

ハーズバーグの二要因理論	32,244
ハードスキル	93,232,233
パートタイム・有期雇用労働法	204
パートタイム労働者	204,244

配属ガチャ	22
ハイブリッド型等級制度	244
パパ・ママ育休プラス	212,213,244
ハラスメント	166,208
ハロー効果	54,55
半期評価	130
評価者研修	132,133
評価ランク	128,129
ビロンギング	52,53
歩合給	138,139
フィードバック	132,133
副業	176,177
複数業務要因災害	180
複線型人事制度	120,121
福利厚生	184
不当労働行為	192,193,244
ブランチャード,ケン	41
フレキシブルタイム	152
プレゼンティイズム	166,244
フレックスタイム制	152,153,244
プロジェクト型組織	44,45,244
プロセス評価	126,127
プロボノ	36
平均賃金	244
ベースアップ	136,140,141,244
変形労働時間制	152,153,245
法定外福利	184,185,245
法定福利	184,185,245
法定労働時間	150,151
法内残業	245
法律	222,223
法令	222,223
ホーソン実験	19
ポジティブ・アクション	54,208,245
本国志向	80,81

ま

マタハラ	208,209
守りのHRM	14
みなし評価	130
無期転換ルール	202,203,245
無期労働契約	196
メイヨー,E	19
命令	222,223
メンタルヘルス	166,167
メンバーシップ型	104,105,106,107
メンバーシップ型雇用	22,23,245

持分会社	218,219
モチベーション	32,245

や

役職手当	110
役割給	118,119,138,139
役割等級	116,117
役割等級制度	116,117,118,119,138,139,246
雇止め	202,203,246
有価証券報告書	68,69,246
有期雇用労働者	204,244
有期労働契約	196,202,203
要員管理	88,89
要員計画	88,89
要介護状態	210

ら

リーダーシップ	40
リカレント	96,97
リスキリング	36,96,97,246
レベル判定型	126,127
レンジレート	110,140
労災保険	180,181
労働安全衛生法	164
労働関係調整法	188
労働基準法	188,196,197
労働協約	190,192,198,246
労働組合	190,191
労働組合法	188
労働契約	196,200,201
労働契約法	200
労働災害	246
労働三法	188
労働者派遣	246
労働者派遣法	216,217
労働保険	180
労務管理	14,18,19

わ

ワークエンゲージメント	34,35,246
ワールドカフェ	50,246

Memo

Memo

林 浩二（はやし こうじ）

株式会社日本総合研究所 リサーチ・コンサルティング部門 プリンシパル
厚生労働省を経て日本総合研究所。人事労務管理を専門フィールドとし、内資系から
外資系まで幅広い企業において人事制度改革を支援。著書に『進化する人事制度「仕事
基準」人事改革の進め方』『基本と実務がぜんぶ身につく 人事労務管理入門塾』（いず
れも労務行政）などがある。

井上 達夫（いのうえ たつお）

株式会社日本総合研究所 リサーチ・コンサルティング部門 シニアマネジャー
銀行系シンクタンクを経て日本総合研究所。26年間一貫して組織人事領域のコンサル
ティングに従事。人事戦略策定、人事制度構築、教育体系構築、組織改革、コーポレー
トガバナンス改革に対応した取締役・執行役員人材マネジメント（報酬関係・指名関
係）に関する支援を得意とする。

國澤 勇人（くにさわ はやと）

株式会社日本総合研究所 リサーチ・コンサルティング部門 シニアマネジャー
日本総合研究所にて、人的資本経営の推進、取締役・執行役員の指名戦略・報酬戦略
立案等をテーマとしたコンサルティング業務に従事。

髙橋 千亜希（たかはし ちあき）

株式会社日本総合研究所 リサーチ・コンサルティング部門 マネジャー
独立系コンサルティングファームを経て日本総合研究所。一貫して人事組織コンサル
ティングに従事し、近年は人的資本経営、取締役・執行役員の指名・報酬戦略のコン
サルティングに注力。共著書に『2023年版 人事・労務の手帖』（産労総合研究所）、『コ
ンサルタントが現場から語る 人事・組織マネジメントの処方箋』（労務行政）などがあ
る。

石井 隆介（いしい りゅうすけ）

株式会社日本総合研究所 リサーチ・コンサルティング部門 マネジャー
専門商社を経て日本総合研究所。組織風土改革やエンゲージメント向上、ダイバーシ
ティ＆インクルージョンなどのテーマを専門とし、主に民間企業を対象に支援を行っ
ている。

大矢知 亮（おおやち りょう）

株式会社日本総合研究所 リサーチ・コンサルティング部門 シニアコンサルタント
鉄道会社を経て日本総合研究所。入社後は人的資本経営推進、人事制度改革、人事部
業務改革など人事・組織領域のコンサルティングに従事。上場企業から中堅・中小企
業まで民間企業を中心に支援を行う。

人事部員の基礎知識

2024 年 12 月 30 日　初版第 1 刷発行

著　者——林浩二 井上達夫 國澤勇人 髙橋千亜希 石井隆介 大矢知亮
　　　　　©2024 Koji Hayashi, Tatsuo Inoue, Hayato Kunisawa,
　　　　　Chiaki Takahashi, Ryusuke Ishii, Ryo Oyachi
発行者——張 士洛
発行所——日本能率協会マネジメントセンター
〒103-6009 東京都中央区日本橋2-7-1　東京日本橋タワー
TEL 03 (6362) 4339 (編集)／03 (6362) 4558 (販売)
FAX 03 (3272) 8127 (編集・販売)
https://www.jmam.co.jp/

装　　丁——重原 隆
本文DTP——株式会社森の印刷屋
編集協力——根本 浩美 (赤羽編集工房)
印 刷 所——広研印刷株式会社
製 本 所——株式会社新寿堂

本書の内容の一部または全部を無断で複写複製 (コピー) することは、法律で認められた場合を除き、著作者および出版者の権利の侵害となりますので、あらかじめ小社あて承諾を求めてください。

ISBN978-4-8005-9284-2 C2034
落丁・乱丁はおとりかえします。
PRINTED IN JAPAN

JMAMの本

改訂7版PMプロジェクトマネジメント
PMBOK®ガイド対応

中島秀隆　著

A5判272ページ

大規模建設などに広く活用されている予測型（ウォーターフォール型）のプロジェクトマネジメントに絞って、そのエッセンスを「具体的な事例」で詳述するPM本の定番&ロングセラー書。

アジャイル型プロジェクトマネジメント
最高のチームで価値を実現するために

中谷公巳　著

A5判336ページ

PMBOK®第7版に基づき、立上げ、計画、実行、監視・コントロール、終結の各プロセスの順に必要な準備や作業とそのテーラリング、モデル、方法、作成物、ツールや技法等の実務を解説。

PMBOK第7版実践活用術
最新プロジェクトマネジメントのすべて

中谷公巳　著

A5判336ページ

プロジェクトのプロセスや活動を事例で解説。プロジェクト・マネジャーやプロジェクト・チームがすべきこと、課題への取組みがライブ感覚でつかめる。プロジェクト・ライフサイクルの進め方もわかる!

EX従業員エクスペリエンス
会社への求心力を強くする人事戦略

加藤守和・土橋隼人　著

A5判200ページ

募集・採用から退職・アルムナイまで働く人の経験価値の高め方がわかる。EXを成功させるための6つの領域に実直に対応していくことで従業員から「選ばれる会社」になる秘訣を事例を交えて紹介。

日本能率協会マネジメントセンター

JMAM の本

ジョブ型人事制度の教科書
日本企業のための制度構築とその運用法

柴田 彰・加藤守和　著

「ジョブ型は成果主義のことだ」などとの誤解があるジョブ型人事制度。「処遇は職務の価値によって与えられる」ことを根底に、制度設計から評価法、運用法などの実務を専門家が詳述。

A5判224ページ

日本版ジョブ型人事ハンドブック
雇用・人材マネジメント・人事制度の理論と実践

加藤守和　著

ジョブ型を導入する現場では「職務記述書」と「職務評価」の運用がカギとなる。その具体的な取組み方や基幹人事制度および人材マネジメントへの活用法を丁寧に解説。制度導入・運用の手引きに使える。

A5判216ページ

経営戦略としての人的資本開示
HRテクノロジーの活用とデータドリブンHCMの実践

一般社団法人
HRテクノロジーコンソーシアム　編

「人への投資」を積極化して企業価値向上を目指す経営者、人的資本開示の実務を担う担当者、開示情報を投資判断に使う投資家などを対象にいま必要な情報を体系的に整理。

A5判216ページ

戦略的人的資本の開示 運用の実務
必須知識の体系的整理と実戦的戦略策定ガイド

一般社団法人
HRテクノロジーコンソーシアム　編

企業価値向上と社会課題の解決を図る“攻め”の情報開示でESG投資マネーを引き寄せる！「人材育成」「エンゲージメント」「ダイバーシティ」——日本版人的資本開示ルール全般を詳述。ISO30414も解説。

A5判216ページ

日本能率協会マネジメントセンター

JMAMの本

図解でわかる 総務部員の基礎知識
役割・機能・仕事 ── 部門に1冊の実務マニュアル

下條一郎　著

A5判240ページ

総務部員として最低限知っておきたい基本項目（役割、機能、業務、必要な知識）を抽出し、新しく総務部に配属された人から現在総務部に在籍している人の日常的な実務を図解で解説。

図解でわかる 経理部員の基礎知識
役割・機能・仕事 ── 部門に1冊の実務マニュアル

栗山俊弘・山本浩二・
松澤和浩　著

A5判240ページ

経理部員として最低限知っておきたい基本項目（役割、機能、業務、必要な知識）を抽出し、新しく経理部に配属された人から現在経理部に在籍している人の日常的な実務を図解で解説。

図解でわかる 経営企画部員の基礎知識
役割・機能・仕事 ── 部門に1冊の実務マニュアル

株式会社日本総合研究所
経営企画機能研究チーム　著

A5判232ページ

経営企画部員の仕事について、基礎から実践までを網羅。機能・役割、ビジョン・戦略の策定とその進捗管理、経営基盤の構築と運用、特定の経営課題への具体的な取組み、必要な知識とスキル、心構えがわかる。

ジョブ型と課長の仕事
役割・達成責任・自己成長

綱島邦夫　著

四六判272ページ

「競争に勝つではなく、結果を出す」「競争戦略ではなく、戦わずして勝つ」「管理者ではなく、支援者」「部下ではなく、パートナー」「中間管理職ではなく、中核管理職」──これからの課長の新基軸。

日本能率協会マネジメントセンター